書中
自有

ALL IN BOOKS

阿米巴经营

稻盛和夫的核心管理法

冷湖◎著

台海出版社

图书在版编目（CIP）数据

阿米巴经营：稻盛和夫的核心管理法 / 冷湖著. --
北京：台海出版社，2019.5
　　ISBN 978-7-5168-2248-7

　Ⅰ.①阿… Ⅱ.①冷… Ⅲ.①企业管理－经验－日本
－现代 Ⅳ.①F279.313.3

　　中国版本图书馆CIP数据核字(2019)第 033765 号

阿米巴经营：稻盛和夫的核心管理法

著　　者：冷　湖

责任编辑：姚红梅　　　　　　装帧设计：MM末末美书 QQ:3218619296
版式设计：八月松子　　　　　　责任印制：蔡　旭
出版发行：台海出版社
地　址：北京市东城区景山东街 20 号，邮政编码：100009
电　话：010 － 64041652（发行，邮购）
传　真：010 － 84045799（总编室）
网　址：www.taimeng.org.cn/thcbs/default.htm
E－mail：thcbs@126.com
经　销：全国各地新华书店
印　刷：天津丰富彩艺印刷有限公司
本书如有破损、缺页、装订错误，请与本社联系调换
开　本：880mm×1230mm　　　　1/32
字　数：191 千字　　　　　　　印　张：8
版　次：2019 年 5 月第 1 版　　印　次：2019 年 5 月第 1 次印刷
书　号：ISBN 978-7-5168-2248-7
定　价：35.80 元

阿米巴经营是一个让每位员工与经营者想法一致、朝着共同目标前进的经营体系。

单纯由管理层来经营企业是远远不够的。为了企业的持续发展，必须让全体员工参与经营，形成强大的合力。这是阿米巴经营的要谛。

——稻盛和夫

稻盛和夫是日本著名的实业家，他一手创办的京瓷株式会社（原称"京都陶瓷株式会社"，文中简称"京瓷"）和第二电信（原名DDI，现名KDDI）都进入了世界500强，成为世界罕见的商业奇迹。他从一个技术员转变为一个哲学和经营学大师，成为无数企业家崇拜的偶像。更让人惊叹的是，稻盛和夫在退休时将全部股份捐献给了员工，自己则遁入佛门，用心去感受生命的真谛，用善举圆满功德。

从古至今，鲜有人能够达到稻盛和夫的境界，他既是一位企业家又是一位哲学家，更是一位"圣人"。他相信因果，也相信命运，他能够平和地看待成功与失败，他认为一个优秀的企业管理者不仅需要聪明的才智，更需要高尚的道德，人品始终要排在能力之上。

稻盛和夫的经营哲学并不深奥，也不神秘，究其本质是佛学和中国国学的结合与沿袭。在他的影响下，日本的企业管理走进了"哲学宗教时代"，不以技术和指标为牵引力，更不崇尚弱肉强食的丛林法则，因为一个让人贪婪、凶残的制度并不是现代文明的象征，作为人的法则应当是以利他和关爱为基本的。

从稻盛和夫的经历能够发现，他怀有一种深沉厚重的责任感和社会感，他所作出的成绩都是逐渐积累所得，而非依靠投机、冒险获得，这是一种实干家精神，也是当今社会很多企业管理者普遍缺乏的态度。在这种价值观的引导下，阿米巴经营模式（也简称阿米巴经营）也变得具有下沉性和嵌入性，它能够从精神层面植根于员工内心，也能够从技术层面提升企业的"抗病灾"能力，更能从管理层面让企业的决策者保持清醒的头脑，不论境遇如何，都能快速止损。

阿米巴经营需要对人的心性进行打磨才能做好。如今的社会人心浮躁，急功近利的人太多，很多人缺乏在点滴中培养自我和完善自我的修行精神。一个愿意拆解自我的企业是有竞争力的企业，一个愿意分析自我的人是有进取心的人，更有机会成就大业。

阿米巴经营是一种全新的企业经营管理体制，它不是源于稻盛和夫的臆想，而是来自他创办京瓷的实践心得。

在经营过程中，稻盛和夫逐渐发现，他最多可以管理100名员工，如果将公司拆分为若干个小组织，有的负责人即使能力不强，也能管理十几个甚至几十个人，这样稻盛和夫就能从繁重琐碎的日常工作中解脱出来。这些"小组织"被稻盛和夫命名为阿米巴。

阿米巴又叫作变形虫，是一种原生动物，虫体非常柔软，身体可以向各个方向伸展出假足，让身体处于变化多端的状态中。阿米巴最大的特点是能够随着外界环境的变化而变化，从而适应新的生存环境。稻盛和夫用阿米巴给他的小集体命名，就是为了让它能随时适应市场的变化而生存下去。

那么，稻盛和夫创建阿米巴经营模式的精神动力源自何处呢？一种孤独感。作为京瓷的创办人，稻盛和夫长期独自处理产品开发、生产管理等环节，让公司的日常运转徘徊在危险的边缘，他借由孙悟空拔毛变出分身作为灵感，把员工变成自己的合伙人，拥有经营者的思维和意志，依靠众人的智慧和力量去经营企业，最终推动京瓷走上了高速发展的道路。

其实，阿米巴经营模式的实际运用并不困难，只要诞生出一个精妙的理念，就可以不断复制给其他阿米巴，实现业绩的几何式增长。稻盛和夫凭借阿米巴经营模式，让京瓷经历四次经济危机依然逢凶化吉，成就一段传奇故事。

这个世界或许不缺少先进的经营理念，但阿米巴经营模式是一种独特的经营之道，它带有哲学气息和宗教色彩，能够改变每个参与者的价值观念。企业的管理者能够利用它将涣散的人心重新聚合到一处，为企业注入更鲜活的生命力，而这正是阿米巴经营模式的闪光点。

目　录

Chapter 9　　阿米巴的本土化：实现完美落地

阿米巴经营哲学：企业长盛不衰的根基

Chapter 1

稻盛和夫为什么被称为"经营之神"

— —

稻盛和夫一直以来就是企业管理界的传说，他白手起家创造出两家世界 500 强公司，更是在 78 岁高龄时涉足自己完全陌生的领域，只身拯救日本航空公司（以下简称"日航"），创下又一个企业"神话"。

2010 年 1 月，日本最大的航空公司日航向东京地方法院申请破产保护。万众瞩目中，被称为"经营之神"的稻盛和夫，应日本政府的再三恳请，于 2010 年 2 月 1 日正式出任破产重建的日本航空公司董事长。

日航的管理背景混乱，官僚主义风气盛行，政治家不断插足，将日航当作权力争斗的工具。此外，日航有 9 个工会组织，它们各自为政，这种分裂的局面使得日航的经营情况雪上加霜。在日本主流经济学家看来，有着这样的企业文化和背景的日航已无可救药，必将二次破产。

此时，无人看好稻盛和夫，认为他作为外行，对此根本无计可施。还有人说，稻盛和夫已经退休了 13 年，他凭什么来拯救日航？其实他早已准备好了撒手锏，那就是他的经营哲学。

一位日本哲学家说过，国家的衰败不在于缺乏人才，而在于缺乏有效使用人才的机制，或者这种机制名存实亡，难以发挥正常功能。企业的破产也是如此，日航需要让全体员工拧成一股绳的哲学，以及激发员工积极性和创造性的模式。

稻盛和夫初到日航时，的确十分头疼。日航虽然已经破产，但每天仍有上千架飞机在运营，员工依然过得很安逸。开会时，他们只会对眼下的问题互相推卸责任，从上到下都无核算意识。面对这些，稻盛和夫心里清楚，若想成功重建日航，只能依靠原有的骨干，而除了用哲学让这些领导者尽快脱胎换骨，成为优秀的领导人之外，没有别的办法。

为了让员工理解和接受自己的哲学，稻盛和夫与他们连续几天加班到晚上9点，一起开学习会。第一个月，日航共开会17次，他亲自讲了6次。稻盛和夫强调学以致用，每个月召开业绩报告会，让每个员工与大家分享如何将所学的东西用于实际经营。他将"稻盛哲学"的精髓以及企业经营者必须具备的核算意识和方法，全部讲给员工。

经过稻盛和夫的不懈努力，日航员工渐渐感受到了他的辛勤与热情，思想意识发生了重大转变，由相互推卸责任变得勇于承担责任，由安于现状变得热情高涨。

奠定了良好的哲学基础后，稻盛和夫开始利用系统的经营会计量化工具对日航进行剖析，理清日航的经营策略，确定正确的战略方向。最后，利用阿米巴经营中的分部门核算经营体制对日航实行精细化管理，实现全员参与经营。

在最初的两个月里，日航依旧处于亏损状态。但从第三个月起，人们欣喜地看到了转机。从2011年4月1日至2012年3月31日这一个会计年度，日航的销售额为2049亿日元，同时日航也是这一年全球航空公司中利润最高的公司。

这就是"稻盛哲学"的力量。

经营之神——稻盛和夫再次创造了奇迹，仅仅一年的时间，日航实现了三个第一：利润世界第一，准点率世界第一，服务水平世界第一。

　　稻盛和夫以八旬高龄，让沉疴在身的日航得以重生。在拯救日航的过程中，稻盛和夫导入了自创的阿米巴经营模式，其中，经营哲学是阿米巴经营模式的"灵魂"，经营会计是寻找战略方向的"指南针"，阿米巴分部门核算经营体制是持续改善的坚实保障。

　　阿米巴经营模式以哲学为根基，因此在认识阿米巴经营模式之前，首先要对经营哲学有所了解。

　　经营哲学源自日本企业，从松下幸之助开始，几乎遍及日本的很多大型企业，索尼有索尼哲学、丰田有丰田哲学、本田有本田哲学……几乎所有成功走向世界的优秀企业，都有一套完整的经营哲学体系，指引着企业稳扎稳打、生生不息。

　　经营哲学是企业生产经营管理活动的基本指导思想，它由一系列指导企业行为的经营理念组成。企业在激烈的市场竞争环境中面临着各种矛盾和各种战略选择，因此，企业需要有一个科学的指导，有一套逻辑思维的程序来决定企业的行为，这是企业的经营哲学。

　　为什么企业需要哲学？因为经营哲学是指导企业管理的基础，也是保持员工凝聚力和向心力的关键。每一个企业都应该树立正确的经营理念来指导实际工作，只有在锁定同一目标的前提下，通过全体员工的共同努力才能产生最大的效益。

　　经营哲学是企业的思想标尺，也是员工的行为准则。在任何情况下，所有员工都有必须遵循的规则和要求，譬如诚信、勤奋、团结，这些规则和要求就是企业中需要恪守的"哲学"。只有经营者遵循这些规范，坚持诚信原则，生产优质产品，企业的发展才能攀上新的高度，才能持续带来高回报。

员工是经营哲学的目标受众，也是传播的载体，更是验证真伪的检验者，因此稻盛和夫对员工的思想教导十分重视，由此奠定了阿米巴经营模式的理论基础。

1968年，京瓷内部发行了《员工手册》，这本小册子集中体现了稻盛和夫"敬天爱人"和"以心经营"的重要思想，对员工的教育意义重大，这些都是强化阿米巴经营的辅助手段。1994年，京瓷又给每一位员工发了《京瓷哲学手册》，成为京瓷的"红宝书"，里面的稻盛和夫语录成了员工掌握经营哲学的至理名言。为了监督员工吸收这些思想精华，京瓷会安排员工通过早读来学习，让员工在工作中消化理解手册中的箴言良语。受益于稻盛和夫的哲学思想，员工随着工作经验的不断积累，每天都有不同的感受和精进。

经营哲学是企业的软实力，如果运用得当就能转化为生产力。要想达到这个目的，企业首先要结合自己的发展历程，从企业家的经历和感悟中去积累，而不能从他人的感悟中借鉴，这样才能转化为属于自己的哲学思想，然后将这种思想贯彻到经营实践中去，进而不断地完善、丰富整个理论体系。由此得出的理念更易被员工接受，让他们发自内心去认同，将理论转变为经营业绩，让哲学观点升华为生产力，这样一来，员工才能见识到经营哲学的伟大之处，才有更饱满的热情去扮演一个经营者。

那么，阿米巴经营模式和经营哲学有什么关系呢？经营哲学是阿米巴经营理论的根基。因为经营企业和经营人生有异曲同工之处，一个人需要有个人魅力，一个企业也需要保持一种品格，这种品格通过经营哲学体现出来。当然，经营哲学有一定的抽象性，但它依然源于现实生活，它是经商法则的概括化，而阿米巴经营模式则是将它具象化。

稻盛和夫一再强调经营需要哲学，是因为他意识到，缺失了经营哲学的企业就缺失了灵魂，而经营哲学也是目前很多中国企业欠缺的。有些企业重视管理制度这个"硬件"环境，而忽视了经营哲学这个"软件"环境，让员工只能屈从于制度而缺乏系统的哲学思维，如同按照程序做事的机器人。事实上，经营哲学需要用制度建立，用体系设定这些管理工具，并将其注入企业的血肉中，二者并不矛盾，反而是相互促进的关系，因为只有软、硬件兼备才能让一个系统得到真正的激活，才能让经营哲学转化为生产力。

稻盛和夫的高明之处，就是用经营人生的方式去经营企业，为企业提出了品格、道德、才智、格局等要求，这从表面上看是在远离"盈利"这个核心思想，实际上是在为获得利润奠定思想基础和行动纲领。很多企业之所以达不到京瓷、KDDI、日航这样的高度，是因为太过急功近利，而忽视了内在建设这个重要环节，如同一个只顾奋斗却忘记修心的人。

稻盛和夫在接手日航之后，曾这样说："我在进行一次公开的实验，凭我的经营哲学来挽救这家企业，我失败了，你就不要学；我成功了，那你们都可以来学。"稻盛和夫成功了，他向世界再一次证明了"稻盛哲学"的不朽力量。

"敬天爱人"为什么被稻盛和夫奉为座右铭

— —

"以人为镜，可以明得失。"这是稻盛和夫深刻参悟的一句话。日航的酒店在醒目处都写有"敬天爱人"四个字。稻盛和夫提出了"作为人，何谓正确"这个问题，又用"敬天爱人"做了注解，而且他在实践中不断将这些观念传递给员工，让他们在心理上真正实现认同。

"何谓"二字，体现出一种哲思，而善于提问的人才善于思考，这是修炼思维能力的必由之路。京瓷的各个阿米巴，每天都要开晨会，每次只有 10 分钟，其中有 3 分钟的时间都在讨论经营哲学，每个人都会轮流发言。如果实在讲不出自己的心得，至少要将经营哲学背诵一遍，这样日复一日，即便不能很好地理解也会渐渐参透其中的某些理念。当这种理念演变成一种习惯时，经营哲学就会在实操中落地。这个消化吸收的过程，很像是吃斋念佛的人将佛心和佛性融入自己的生命中。

关于"作为人，何谓正确"这个问题，每个人都有自己的理解，因为做人原本就是一个深奥的问题。不过在稻盛和夫看来，这句话并非局限在商业层面：不是一个经营者要如何做，也不是稻盛和夫本人应当如何，而是作为人的最基本的良知和品行，这才是所有人都能借鉴的所在。

日本人的宗教情结和欧洲人相比要淡化很多，因为缺少信仰，日本人普遍危机感严重，特别是在商业领域，这种负面心态会促使人们更热衷于追求利益，于是做人的基本准则显得尤为重要，所以稻盛和夫才用"作为人，何谓正确"这个问题作为价值观，去衡量一个企业存在的意义以及如何发展，最终造福于他和他的商业王国。这一价值观成了他事业成功的助推器。

从表面上看，人是能够制造并熟练使用工具的高级动物，那么由人组成的企业是什么呢？它是一个能够将资金、人、技术等有机地结合起来的活动实体。做企业的基础就是做人，稻盛和夫懂得如何以史为鉴、以人为鉴，总结成败教训，避免重蹈覆辙。阿米巴经营模式的灵魂是什么？个体自由。然而失去束缚的思想是可怕的，也和阿米巴经营模式的本质背道而驰，所以，人不仅需要自身培养，还需要外界的引导，也就是应该做什么以及不该做什么的命题。

博爱精神、坚韧斗志、正义之心等品格，是人身上最宝贵的组成部分，也是"作为人，何谓正确"的答案。那么，应该如何看待人和企业的关系呢？

企业的活动无法跟人的生存割裂，不同的生活环境造就了不同的人，所以做人的正确准则应当是立足当下、审视自我、知行合一。

立足当下，不能脱离生存现状，日本的企业都特别重视现场管理，也就是现场、现实和现物。一线出了状况，领导者必须亲临现场，了解实际情况后才能解决现实问题，让企业的活动和应用场景相关联。比如，一个回馈大客户的见面会出了问题，大客户们中途退场，为了挽回公司名誉和客户，负责人必须亲临现场，去了解是哪一个环节怠慢了大客户：是酒水不合口味还是午餐质量太差？抑或是服务不够到位？这些信息通过打电话是很难获取的，因为没有人能在电话里描述出一瓶劣质香槟酒的口感。

审视自我，就是正确定位的过程，无论你是管理者还是执行者，无论你是投资者还是打工者，这些不同的定位都决定了你要承担不同的责任，要妥善处理好你和企业及其他人的关系。比如，一个产品经理在和设计师沟通有关产品设计方案的时候，无意中得知了财务部门没有审批设计部门申请的高色域显示器，影响了设计师的工作进度，那么产品经理该和财务部门沟通吗？还是直接向上级反映？其实这两种选择都不对，因为这两种做法都超出了产品经理自身的职位设定，他应该通过其他责任人去间接反映。

知行合一，就是明确自身的定位之后作出正确的决断并付诸实施，为企业创造最大的价值。如果你是一个技术人员，就要从产品功能方面入手，思考怎样能够超过同类竞品，而不是将精力放在产品的概念设计和宣传上，这就是准确定位后的明智决断。

稻盛和夫的"作为人，何谓正确"这个问题所反映的深刻内涵代表着企业经营的基本原则，能够让管理变得简单且高效。它是一套完整的经营哲学体系，开创了京瓷的高速发展时代。事实上，稻盛和夫在初创时代并没有管理经验，有问题不知道该如何解决，比如员工的利益与企业的利益发生冲突时该怎么做等，后来经过摸索，稻盛和夫才创造了"作为人，何谓正确"的哲学体系。

在这个体系中，稻盛和夫对自己提出了一个自我约束的标准——"敬天爱人"。不论遇到什么样的困难，他都以这种思想为指导，最终化解难题。

在商海中经历大风大浪的稻盛和夫，无论手头的工作多么忙，都不忘记从内心深处进行思考。他一直考虑的就是怎样从心出发去经营企业，后来他找到了答案：敬天爱人，自利利他。这个思想成为稻盛和夫经营哲学的积淀。后来，"敬天爱人"成了京瓷的经营座右铭。

"敬天爱人"是日本明治维新时期的领袖——西乡隆盛所提出的，而西乡隆盛是王阳明的信徒。"敬天"的意思是遵从事物自然的发展规律，不逆天而行，"爱人"则是从人的本性出发。

在人性解放、个性化的时代，"作为人，何谓正确"是符合现代企业发展规律的，它是人才管理的哲学，也是企业经营的哲学，只有以人为本才能真正实现这一系列目的。或许在稻盛和夫心中，他始终相信人类会证明之前倡导的美德会成为带领人们走出黑暗的火炬，也愿意坚守"作为人，何谓正确"的信条，这样才能和浮躁的人性、功利的经营之道有所区分，也足以用来与其他有志之士共勉。

在稻盛和夫的哲学中，"作为人，何谓正确"是始终贯彻的原则。很多企业会发生一些不体面的事情，比如徇私舞弊、内讧等，往往越是大企业越容易发生这种事，因为企业的参与者多了，不可能确保每个人对自己的道德要求都很高，为了防止这种情况发生，稻盛和夫才提出这个反问去规范大家的行为，防患于未然。事实上，很少有企业向员工传递这种道德观念，最多是从敬业的角度让员工爱企业，但是问题来了：一个不懂得做人基准的员工，能够做到爱岗敬业吗？因此，稻盛和夫才不遗余力地从做人的基本原则入手，让人性的道德渗透进员工的道德，进而形成自成一派的哲学体系。

阿米巴经营模式本身没有可参考的成功案例，一旦建立这种新模式，必然会让一部分管理者和员工找不到方向，这时就需要为他们定规矩，避免他们在摸索中走向错误的深渊。当然，这种基础性的教导很容易被一些企业忽视，因为太过寻常也太过简单，但是稻盛和夫加强了对员工进行这种思想的教导，就从根本上规避了人性之恶，让京瓷避免发生很多大企业常见的丑闻。

稻盛和夫用"作为人，何谓正确"去说服员工，让他们将注意力放在正确的事情上和正确的方式上，让京瓷从创立之初到现在，始终走在一条前途光明且符合时代发展趋势的道路上，不偏不倚，没有走入误区。后来，稻盛和夫将这种思想运用在对日航的管理上也同样奏效，这再次证明了它的可复制性和正确性。

"作为人，何谓正确"是阿米巴经营的原点，它可以代入任何一种角色中，比如，作为管理者，何谓正确？作为巴长，何谓正确？

作为员工，何谓正确？这个句式形成了一个有效的自问模式，它的目的不是获取答案，而是让人们在寻找答案的过程中进行自我反省并重新定位，用实际行动给出答案，用工作业绩履行承诺，用哲学观点修正内心，这样才能赋予哲学现实意义，让"作为人，何谓正确"变成企业的自我提升之道。

"伤敌一千，自损八百"没有意义

稻盛和夫在京瓷有一个工作习惯，他会经常进行突击检查，不是检查员工是否卖力工作，而是检查他们的办公桌。稻盛和夫认为，桌子是四角形的，纸张也是四角形的，如果它们没有对齐就看起来很违和，这不是处女座的吹毛求疵，而是追求一种和谐。为此，稻盛和夫会用美术纸制作"爱＋诚意＋和谐"的宣传标语。他认为一个人对桌上摆放的物品无动于衷的话，就很难制作出优良的产品，只有对这些细节十分在意的人，才更容易发现被别人忽视的"不和谐"。一个人培养出调整物品的习惯时，也就形成了创造和谐的思维方式。

如今，零和博弈已经不再是企业之间的常态，企业间更多的是和谐竞争，随着社会化分工的演进，你死我活的恶性竞争已经逐渐减少。市场的成熟和竞争机制的完善，会让人们被更多利益关系绑定在一起，从而进入和谐与竞争并存的状态，而这正是整个时代的魅力所在。正如在市场拓荒时代，恶性竞争在所难免，于是有人误认为这就是企业之间的常态，导致"同行是冤家"的观点大行其道，价格战、互相拆台等各种手段并用，结果往往是两败俱伤，还扰乱了整个市场的竞争秩序。其实，这种"伤敌一千，自损八百"的胜利并无多大意义。而且，在技术专利化和分工精细化的今天，闭门造车是不现实的，只有打开门走出去，与竞争对手在战略层面建立合作关系，企业才有成为行业领军者的可能。

只要企业存在于市场，竞争就无法避免，但同样需要和谐，那么如何营造和谐的氛围呢？首先要尊重你的竞争对手，其次要以诚信为本，最后要按照市场规矩办事。中国的房地产行业，有些企业不重视和谐竞争，故意派出员工散发抹黑竞争对手的宣传品，结果搞乱的不仅是对手一家，而是整个地产圈子的口碑和信誉，这就是不和谐竞争带来的恶果。

有人认为，和谐是一种妥协。其实，稻盛和夫推崇的和谐是在不改变事物本质的前提下进行的一种矛盾缓解，而非"无为而治"的消极思想。只有这样才能弱化矛盾，用积极的手段进行协调，既不违背事物的基本法则又能整合其内在动力。

崇尚暴力竞争的人没有看到，竞争本身也存在着负面效应，它可能为双方带来毁灭性的破坏，对竞争的参与者的身心健康造成危害，因此国外将恶性竞争称为自杀式竞争或者破坏式竞争。基于这种认识，中国传统的"不争即是争"的哲学思维便有了用武之地。

和谐的精髓是利他精神。一个企业只想着自己而忽略了他人，不可能营造真正的和谐，只能制造虚假的"一团和气"。曾经有人问稻盛和夫："日本企业是否有值得中国企业借鉴之处？"稻盛和夫回答："企业之所以存在，肯定是有社会性的理由，因为社会需要这样的企业，它才会生存下去；如果社会不需要这样的企业，它就无法生存。在经济形势好的情况下，企业往往不择手段地追求短期的利润，目光会变得短浅。"

"社会需要"体现了什么？就是你的存在能为他人以及整个社会创造价值，这才是和谐竞争的关键。以自我为中心只能让企业在短期内获得生存空间，而和谐竞争才能让企业获得快速和持久发展。实际上，中国人追求的和谐正是通过和谐而获得的，而非通过竞争获得，比如先贤们倡导的"顺""安""忍""让"等，因为我们认为事物的本来状态就是和谐，它也是一切事物运动变化的最终结果。

日本的丰田公司在发展过程中，由于信奉"追求人与社会、环境的和谐"的理念，才成长为世界最具规模和竞争力的汽车集团。和谐之下的利益体系成为丰田战胜竞争对手的制胜法宝，在世界范围内被人学习和效仿。

稻盛和夫倡导的和谐竞争，就是让人们的思维方式从关注局部到关注整体，关注他人的利益而非只考虑自身的利益，依靠系统的思维找到利益的交叉点就能实现合作共赢。毕竟，企业始终无法和社会脱节。和对手共存于一个"生态系统"，为了避免危机爆发就要创造和谐的竞争态势，增强抗危机能力，避免被孤立，才能获得强大的增长力量。

和谐竞争是通过在竞争中展开合作，让彼此互相融合、互惠互助，不把竞争看成一种消耗而是一种互补，也就是很多企业所追求的"蓝海战略"。企业以合作共赢为竞争逻辑时，就能超越产业竞争，重新看待市场和买方价值元素，从而重新定义竞争的本质，在血腥残酷的跑马圈地中开拓一块新领域，达到"非零和博弈"的状态。

回到人性和市场的本质，无论是竞争还是和谐都是客观存在的，竞争是人类的天性，而和谐也并非完全不争，它们都是解决矛盾的手段之一。只是在全球经济一体化的当下，和谐与竞争都是不可或缺的元素，而它们的组合状态更容易打破传统观念，在新的历史制高点上谋求利益的最大化和战略的持久化。

人心值多少钱

—— ——

以利润为根本追求的今天，人心到底价值几何？

在很多企业看来，人心的价值并不重要，重要的是一个人能够为企业创造的经济价值，人心充其量只是附加值。虽然在市场经济的环境下，这种一切向利润看齐的观念无可厚非，但是会导致企业和员工的"融合度"下降。融合度是指什么？不是企业和员工的雇用关系有多么稳定，而是员工对企业从情感层面出发的认可度和忠诚度。

在机器大生产加快了人类社会的发展速度之后，人的作用似乎被弱化，然而事实并非如此，机器需要人的智慧去操作，机器完全代替人在目前来看是不可能的。一个成功的企业必定是一个"雇用"了员工思想和情感的企业，因为这才是作为人的最大价值所在。

稻盛和夫曾说："磨炼心智，修炼灵魂，使出世比入世更高尚。"这是他独特的人生领悟，也是对人生最高境界的一种向往，在他看来，人活着并非只为了享受生活，还要着力于内心修行。

日本的龟甲万公司就是从内心出发做经营的典型案例。它成立于 17 世纪，历经三百余年的变革已经成了一家专门生产高级酱油、产品畅销一百多个国家的跨国企业。龟甲万株式会社成立之初，凭借上乘的质量奠定了品牌基础，然而到了20世纪50年代，随着化学合成酱油的涌入，日本的一些小作坊倒闭，为了拯救这些破产者，龟甲万公司决定将专利和技术免费公开，这样既抵制了化学合成酱油，又拯救了小作坊。龟甲万公司的这种行为不是利益至上，而是从内心出发，提高品牌的信用度。

稻盛和夫在小时候被父亲领着见了一位和尚，和尚对他说："孩子，今生今世，只要你还活着，就要念诵'南无阿弥陀佛，谢谢'，每天向佛陀表示感谢，绝对不能忘记呀。"说完，和尚又叮嘱稻盛和夫的父亲，如果稻盛和夫能够按照他的嘱咐去做，人生就会变得圆满。后来，稻盛和夫一直按照和尚的叮嘱去做，皈依佛门并获得了僧人资格。

稻盛和夫在经营企业时，经常去各国的宗教场所祈祷，这种虔诚之心成了京瓷的立业之本。企业缘何要与"心"联通？因为企业不仅牵涉利益关系，更涉及情感联络，有能力的人可以通过组织管理、战术决策制定来解决问题，但这些方法并不适用于经营人心，人心的问题只能用情感来解决。

稻盛和夫利用阿米巴经营的策略，将他的企业打造成一个以心为本的工作平台，让每个人都能从心底涌出澎湃的激情，将其化为积极向上的动力，从而塑造他们的企业家精神。虽然人心易变，但以心为本的作用就是让员工不忘初心，用正确的方式去追求正确的事情。

有的企业喜欢用制度去管理人，有的企业善于用情感去留住人，但是阿米巴经营并非局限在情感层面，而是以情感管理作为内核，发挥"以心为本"的作用。京瓷员工能够得到物质和精神层面的双丰收，就是凭借制度产出效率和人心生成动力的完美结合。

对企业家来说，以心为本，就是将员工的利益放在重要位置，只有真诚善待员工，让他们的利益得到最大化，才能让员工感受到真正的快乐。

1959 年，美国的心理学家做了一个著名的恒河猴实验，让刚出生的小猴和两个假的"猴妈妈"关在一起，这两个"猴妈妈"一个是能够提供食物的铁丝猴，另一个是什么也提供不了的布料猴。后来发现，小猴子只有在需要喝奶的时候才去找铁丝猴妈妈，其他大部分时间是和布料猴妈妈待在一起，这是因为柔软温暖的布料能够给小猴带来安全感。

那么，员工在企业中的感受是否也和小猴子一样呢？员工生病请假，公司没有扣罚他的奖金，员工会从理性上感觉到被尊重，但在情感上很难发生变化；如果他的上司去医院看望他，对他说一些温暖鼓励的话，那么员工的情绪一定会发生变化。

有一家生产玻璃罐头瓶的工厂，员工中午可以休息一个小时，但是机器不能休息，按照常理应当让员工轮班休息，但是工厂没有这样做，而是让员工正常休息，让管理者继续工作，即便员工正常开工之后，他们也要紧盯着员工的每一个动作，确保他们的安全。由于生产车间温度较高，员工总会被汗水弄湿眼睛，管理者会帮助他们擦拭汗水，甚至为他们系好鞋带。结果员工和工厂的关系越来越紧密，工作效率也获得了成倍的提升。

让员工正常午休是制度管理，帮员工擦去汗水是人心管理，这种制度和人性的结合就能够产生强大的凝聚力。"以心为本"就是企业对员工付出关怀，员工用忠诚回报企业，达到心与心相融的状态。想要真正实现"以心为本"，必须强化"心"的作用，只有在员工和企业、企业和客户、员工和客户、企业和企业之间建立情感纽带，才能借此完成利益的输送。

稻盛和夫终生都在为员工谋求福利，将他们个人的幸福放在第一位，将合作伙伴的幸福放在第二位，将客户的幸福放在第三位，将社长和股东放在了第四位和第五位。正是有了这样的排序，才让阿米巴经营模式成为被员工接受的组织管理模式，而让一部分效仿者止于皮毛，无法成功。

稻盛和夫的"以心为本"与中国传统文化有相通之处，孟子的"得人心者得天下"正是阐述了"从心出发"的意义，让企业在日常经营活动中增进和员工的感情，而并非通过理性控制来强化人身依附关系。怀有仁爱之心，才能让企业改变对员工的看法，使二者在情感上产生共鸣，让员工去做正确的事情。

阿米巴经营模式对待员工的态度是"大家庭主义"，每个人都被看成家庭成员，彼此互相关爱和信赖，追求共同的快乐，以彼此信任为前提建立稳定、牢固的关系，而非简单的雇用关系。当然这种信赖是一种托付，不仅是心理上的认同，更是一种发自内心的认可和信任，是让双方获得合作共赢的基础。

企业获得员工的信任并不容易，这种信任感需要随着时间的积累慢慢加深，因此，企业必须先成为一个值得信赖的平台，从内心出发就是必由之路。企业的管理者要做到言行一致且永不背弃，才能得到员工的尊重和情感的回馈。有些企业认为自己做得十分人道，为何员工还不能交付真心呢？其实，这是缺乏换位思考的表现，没有将员工的真实想法考虑进去，仅从自身的角度去看待问题。当然，如果为了让员工认可而放弃企业应当坚持的原则，同样也违背了从心出发的宗旨，因为破坏原则就破坏了信赖的基础。

稻盛和夫从 1959 年创办京瓷开始就没有亏损过，这是因为他懂得如何用心去爱别人。他曾经说过，没有信赖，就没有人际关系，没有人际关系，想成功是不可能的事情，特别在经营领域里，没有信赖绝对无法永续经营。如何建立起信赖关系？最初，他认为应该找可以信赖的人来做朋友，但后来发现这样的想法是错误的。

稻盛和夫认为，命运可以依靠做善事来改变，这就是和自己的内心对话，让牟利的初心不要完全操控你。不能让欲望只停留在利己的范围内，要习惯扪心自问：是否做到了"动机至善，私心了无"？是否做到了一个人该做的事情？所谓利欲熏心，正是心被遮蔽了，你看不到它本来的面目，也就无法完成对话。

稻盛和夫说，他创业四十多年来，也碰到过不少被欺骗的事情，但不会因为自己吃过亏，就不再相信人，无论如何，他还是要信赖人，而且是从自己的心做到全面地信赖人，并使自己值得别人信赖。稻盛和夫认为，假如没有办法做到这样，你就必须改变自己的态度与行为，这就是自我的内心修炼。

只考虑自己要找可以信赖的人，却没有想到对方是否信赖你，这是一个认知误区，因为信赖关系不能仅仅是你信赖他或者他信赖你，必须是双向的。换言之，信赖关系无法向外延获得，必须从自我修炼做起，先让自己成为一个值得信赖的人。

企业在成为信赖的代名词之后，对于员工的吸引力就会逐渐增强，也能吸引更多的人加入并维持长久的关系。要实现这个目标唯有从心出发，依靠内心修炼改变企业对员工的感情投入，增强彼此的联系纽带，让员工感受到一种真实的温暖而非虚假的关怀。

日航曾经在 2009 年遭遇破产，在稻盛和夫的努力之下第二年就扭亏为盈，2012 年重新上市，这期间稻盛和夫没有索要一分钱的工资，就是为了确保三万多名员工的生计有着落。在日本，以稻盛和夫为首的管理大师都以奉献社会为己任,坚持"从心出发,遵从公义"的理念,秉承着"先义后利"的原则,避免在利益面前丧失道德。

活着就要感谢

— —

感恩是做企业不可或缺的一种精神,管理者要感恩员工,员工要感恩企业,只有互相感恩才能将力量汇集到一处,让困难得以解决。稻盛和夫认为,企业家只有拥有感恩的心才能成功,因为感恩,人们学会慈悲,你给员工提供更好的工作环境,员工们会努力工作,当大家都学会感恩的时候,这个世界就变得非常美好,少了纷争,多了关怀。所以,稻盛和夫认为,我们在经营企业的过程中,一定要学会多给员工一些关爱,常怀一颗感恩的心,这样大家才能一同步入美好的生活。

稻盛和夫曾经走访过冲绳的一家企业,感悟很深。冲绳在第二次世界大战时期遭受了严重的经济创伤,但是很快又得到了复苏,虽然饱受战火蹂躏,但是冲绳人却传递了一种感恩精神而不是仇恨心态。稻盛和夫认为这是做企业需要的一种正确心态,于是在冲绳成立了独立的电话公司。当时很多员工都不理解,认为冲绳并不是独立的经济圈。但是稻盛和夫却一再强调冲绳的感恩精神值得京瓷借鉴。之后,很多冲绳本地的企业纷纷和京瓷建立了合作关系。

稻盛和夫为何强调感恩精神?因为在采用阿米巴经营模式之后,各个组织被拆分出来,很容易导致阿米巴之间的利益对立,而感恩精神容易让大家互相理解和包容,建立一种和谐的工作氛围,让企业的活力被充分激发出来。稻盛和夫用感恩作为精神动力去激励员工，正是为了克服人性中自私自利的弱点。

稻盛和夫认为，现在的人生活压力较大，尤其是刚进入职场的年轻人，总是被各种生活压力所迫，很容易产生消极情绪，无论是事业上还是情感上都比较脆弱。压力过大会把一个人逼到绝境，使其浑身充满了负能量，感受不到生命的意义，对于他们来说这样活着就是痛苦而不是幸福。

无论是人生道路还是事业旅途上，感恩都是一种可贵的精神。一颗感恩的心，可以让繁杂的事情变得清晰，可以让困难险阻变为历练，可以让梦想照进现实，它是通往成功路上必不可缺的条件。

稻盛和夫说："懂得感谢是非常重要的，不仅是感谢帮助了我们的人或事，还有我们周围的一切。人是群居动物，生活在社会大集体中，不可能脱离社会独立生活。自然中的空气、水，社会中的食物和社交，都是我们赖以生存的元素，是它们的存在，让我们能够顺利地生存下去。所以，能活着，就值得感谢。"

稻盛和夫每天都要诵读禅宗经书，而且在完成功课之后还会说一句："南无阿弥陀佛，谢谢！"这个习惯保持至今。其实，将"谢谢"挂在嘴边，很多人已经习以为常了，然而在稻盛和夫看来，他所说的谢谢不是一句单纯的感激，而是用难得的惊喜之情去表达感恩。他认为，因为活着，人们收获了亲情、友情、爱情；因为活着，人们领略了绚烂多姿的风景；因为活着，人们才有了此刻值得感动的人生。所以，他认为活着就是幸福，活着就要感谢。

实际上，感恩之心也是阿米巴经营哲学中"以心为本"的具体体现，因为只有感恩才能让员工面对自己的内心和良知，只有感恩才能让员工和员工、员工和企业之间建立牢固的关系，只有感恩才能让团队中的每个人将信任寄托在他人身上。京瓷在创立之初，无论是人员还是资源都非常匮乏，然而稻盛和夫却说，现在他最需要的并不是资金、技术和人员，而是伙伴们对他的信赖，因为只有大家从内心深处认识到他的能力，相信他能够带领大家取得成功，企业才有可能继续发展下去，所以万事开头应该从心开始。

在京瓷创立之初，日本民间流传着一种观念：工作的时候工作，自己的时间就是自己的时间，把工作和自己的生活严格分开，让两者保持距离。这种认知方式和西方的某些职场理念如出一辙，不过稻盛和夫认为京瓷是不应接受这种观念的，员工不能将个人生活和工作完全隔绝开来，因为对工作的付出就是对自己的付出。归根结底，那种将工作和个人生活划分得如此清晰的人，是缺乏感恩之心的人。

只有心怀感恩的人，才能竭尽所能付出一切。

京瓷刚起步时，拿到了一个生产水冷复式水管的项目，这种水管尺寸很大，而且使用了老式的陶瓷原料，工艺也非常复杂，当时京瓷并没有生产这种产品的设备和技术人员，然而客户却对京瓷非常信任。稻盛和夫在无奈之下答应了客户的要求，他认为虽然有难度，但毕竟对方给了自己盈利的机会，应当心怀感恩，要对得起自己的良心。为此，稻盛和夫和员工们付出了巨大的辛劳。在生产水冷复式水管时，必须均匀地进行成型和干燥，然而每一次都因为干燥不均匀出现裂痕，最后稻盛和夫和员工找出了用布条包裹再吹雾气的办法，然而新的问题又来了：产品太大，干燥时间太长会因重量发生形变。稻盛和夫绞尽脑汁也没有找出解决方案，最后和员工用了一个不可思议的办法：每个人都抱着水管半成品睡觉。结果京瓷完成了生产任务。

试想一下，如果员工缺乏感恩之心，将工作和自我清晰地划分出来，那么他们会接受抱着水管睡觉的方法吗？因为有了感恩之心，员工才能不计付出地投入进去，这是一种发自内心的动力；因为大家从京瓷身上看到了他们的未来，个人利益和企业利益是牢牢绑定在一起的。

阿米巴经营的核心就是经营员工的思想和感情，让他们在成为独立的个体之后依然忠诚于企业、不负于同事、不愧于客户，感恩精神让他们弱化了自私的本能，形成了超越竞争对手的顽强奋战精神。

稻盛和夫曾经进入连年亏损的松风公司工作，和他一起来的大学同学都陆续离开了，只有他一个人留在那里，而大家对他的看法是：稻盛和夫很可怜，大学那么用功却只能留在这种破烂企业。面对这既像是可怜又像是嘲讽的话语，稻盛和夫没有放在心上，仍然感恩上天给自己的就业机会，同时也没有停止思考：我到底要追求什么样的人生？终于，稻盛和夫抛开了一切世俗杂念，全身心投入研究中，终于研发出了U字形绝缘体显像管，给公司带来了巨大的订单。

回顾稻盛和夫的从商经历，他遭遇了无数挫折和痛苦，然而他从未抱怨过命运、社会或者他人，因为他知道正是这种逆境锻炼了他的心性。

无论遭遇何种窘境，稻盛和夫都没有抱怨过，而是积极地工作，命运也给了他对等的回报，让他懂得只有接受人生境遇的挑战、全神贯注地投入工作才能带来好运。所以，苦难是让自己成长的助推剂，唯有感恩才能获得改变命运的力量，为自己打开通往成功的大门。

"利他"不是喊口号

— —

"敬天爱人"是稻盛和夫磨炼心性的座右铭,而"爱人"的直接表现就是利他精神。在他看来,一个懂得压抑自己欲望的人一定是看到了他人的需求,但如果只是暂时压抑仍然是在利己,只有从心出发的利他才是真正的利他。

稻盛和夫说:"为了不和地球这艘船一起下沉溺水,我们必须重新恢复自然节制的美好品行。应该把神给予人类的智慧当作真正的睿智,掌握如何控制自私欲望的艺术。"这段话可以解读为,人要对自己拥有的一切感到满足,才能让自己幸福。换句话说,人的幸福和内心有关。

利己是人的本能,是一种生存需要,不过人终究是生活在社会群体当中,单纯地利己并不符合社交法则,只有互惠互利才能赢得良好的生态关系。

人的利己行为可以分为五个档次:损人不利己;损人利己;不损人而利己;利人又利己;先利人后利己。应当说,这五种利己的动机相同,最大区别就是行为的不同,前两种方式会让人事与愿违,第三种方式是洁身自好但不利于团结他人,最后两种方式才能让人有所成就。

利己和利他一直是如影随形的矛盾体,但在稻盛和夫看来并不冲突,利己是为了自己能生存下来,利他则可以让自己生存得更长久,因为帮助他人就是在帮助自己,二者并非对立关系。因此,稻盛和夫认为，拥有"利他之心"的企业战无不胜的，"他"包含着竞争对手、客户、员工等一切利益相关者。

稻盛和夫说过，利他之心是不求回报而甘愿奉献于他人之心，在交换关系中的利他不是利他之心，利他之心是一种心态、一种行为模式、一个道德标准。

利他精神决定了一个企业能否获得长久的发展。在和竞争对手比拼时，稻盛和夫也始终坚持利他原则，让企业在保持高额利润的同时又不用恶性竞争的手段去打击对手，让企业拥有了良好的口碑。因此，稻盛和夫的哲学可以概括为"自利则生，利他则久"。

任正非是一个具有利他精神的人，他要求自己生活朴素，出差自己打出租车，而且掌握着很少的股份。利他精神，就是"财散则人聚"。有人认为这是一种普罗米修斯式的自我牺牲精神，其实"利他"也是利己的另一种存在。真正的利他其实追求的不是自我牺牲而是共赢，是先人后己，而不是损己利人，只是对次序进行了微调，而不是利益的转让。

从市场的角度看，利他也是一种竞争力，它包含着口号式利他、团队性利他、社会性利他等几种类型。口号式利他是一种伪利他，是一些企业口中常说的"顾客就是上帝"的真实写照。团队性利他是某个集体中，个人的动机和行为不是为了自身利益的最大化而是为了团队利益的最大化。社会性利他是个人或者企业为了社会利益而产生的行为，直接关乎社会责任。

稻盛和夫创建 KDDI 之前，每到夜晚入睡之际都会自问："你参与电信通信事业真是为了国民吗？是否混杂了为公司或个人谋利益的私心？或者，是否是为了受到社会的关注而自我表现呢？动机是否纯粹？是否没有一丝私心？"这样的问题反复问了半年之后，稻盛和夫确定自己不是出于私心而是旨在谋求国民通信费的降低，终于决定创建 KDDI。公司成立后，稻盛和夫遇到很多困难，但都被他一一克服，因为他确定：企业只要不掺杂私心，利国利民做事，就能获得成功。

稻盛和夫为了实践利他精神，不持有股票，却给普通员工提供了购买股票的机会，让员工获益。这种利他精神感染了每一个员工，让他们更愿意鞠躬尽瘁为企业效力，KDDI 业绩直线上升，用了不到 20 年就进入世界 500 强行列。

利他是人和社会关系中最高的行为准则，因为社会太大，个人太小，而人的利己本性又决定了社会的本质是人和人以利益为纽带的关系总和。按照商品经济的法则，要实现个人利益就要为其他社会关系提供需要并尽量满足，而创办企业恰好是最典型的案例：创业满足了人们就业的需求，同时也对招聘进来的员工进行行为规范。

利他能促进人与人关系的融洽和正向发展，当利他真正成为企业血液中的一部分时，就会产生智慧和力量。当企业的管理者发自内心去热爱员工、客户以及企业时，他们就会包容员工的缺点，会容忍客户的挑剔，也能正视企业的成长，就能给客户提供额外服务，给员工提高福利待遇，会为企业的发展查漏补缺。作为回报，客户会与企业产生黏着度，员工的忠诚度随之提高，企业也获得了持续发展的动力。前提是企业要认真付出爱，这个爱要积累到一定程度才能发挥作用，如果仅仅是肤浅的爱，就不能留住客户，也不能绑定员工，更无法推动企业的发展。

阿米巴经营的核心就是从人心出发，即以人的情感为原点，以人性为基准，以此为前提考虑所有人的需求——客户、员工以及其他利益关联者，对他们进行深度挖掘，以利他之心为终极目的，而不考虑与此无关的问题，这样才能为"作为人，何谓正确"找到答案。

人心就是一切，它遵循的是感性逻辑和理性逻辑的高度融合：满足需求、付出关爱、换位思考等手段是感性层面，产品设计、战略规划、考察市场等方式是理性层面。稻盛和夫重视数据，也重视感受，二者缺一不可。

如果一个社会是以利他作为思想基础的，那么所产生的经济文化注定是全新的景象，只要利他主义得到推广，人类就会创造出超过以往任何一个时代的成就。

阿米巴人才之道：经营理念的生命载体

Chapter 2

高尚的人格比聪明的大脑重要

— —

稻盛和夫说："小至一个村庄、一个学术团体、一个企业，大至一个国家，任何一个集团的命运，都与它的领导人关系极大。"

西方的发达国家中，企业对领导者的选择基本上达成了共识：他们必须头脑聪明且口才好，甚至在招聘的时候也看中成绩优秀的毕业生，结果导致一些有才无德的人进入企业的中高层，炮制出徇私舞弊、贪赃枉法的一幕幕丑闻。

在稻盛和夫看来，所谓的精明和口才只是最普通的资质，深沉厚重的人格才是最重要的，也就是对人格的考核比对能力的考察对企业来说更有价值。终其一生，稻盛和夫都在拼命实践这个理论，他要将德高望重的人推向重要职位，使企业远离那些人品污浊之辈。

阿米巴是一种全新的组织模式，所以对它的管理也要采用一种反传统的方式，从而协调各个阿米巴之间的关系。阿米巴经营模式的内部市场化的特点，使其不可避免地会遇到利害冲突，这就需要管理者具备一定的掌控能力。打个比方，某个产品在企业内部已经被设定好价格了，然而为了和对手公司竞争，该产品需要下调价格，那么每个阿米巴也要相应地降低售价，但这是一个无法平均协调的问题。因为每个阿米巴所处的环节不同，有的阿米巴可能是低利润维持运营，再下降的话会影响到根本利益，该阿米巴可能会拒绝这笔订单，而有的阿米巴和外部市场关联较大，如果外部市场不降价，让它自己降价无异于减少了它的收益，这样矛盾就产生了。

由于阿米巴的负责人要对本组织负责，所以不会接受企业提出的价格下调的方案，他们会站在自己的立场上提出各自的理由，甚至在谁该多降价谁该少降价这个问题上发生争执。阿米巴这种小组织结构，容易让每个部门成为独立的"山头"。而且，不同业务环节上的阿米巴也存在着对立的情况，比如销售部门和生产部门，很多厂家与他们的交易采用的是买断和卖断的形式，也就是说销售部门全部买断生产部门制造的产品，同时对客户负责。那么为了维系自身的利益，销售部门会尽量低价从生产部门进货然后高价销售给客户，这样才能确保本部门的利益最大化。

那么问题来了，销售部门想低买高卖赚大额差价，生产部门何尝不想如此呢？这样一来，作为终端存在的销售部门在高价买了生产部门的产品之后，只能以更高的价格出售给客户，造成产品价格走高，违反市场原则，最终损害的是企业的利益。特别是当两个部门为自身的利益抗争时，所产生的冲突会极大地干预到企业的日常经营活动。

在思考问题时有着鲜明的利己倾向，是推行阿米巴经营不可避免的副作用，因此解决矛盾的关键不是要彻底消除这种利己倾向，而是要适当引入利他的思考方式，这是涉及管理者协调能力的问题。

阿米巴经营引入了佣金制度作为避免生产和销售部门发生矛盾的方法。它的策略在于，销售部门如果提高了销售额，那么能够自动获得销售额的十分之一作为手续收入，这样做的目的是让销售部门避免因为抬高价格而流失客户，确保可持续的销售量。当然，这种方法也存在弊端，那就是不管产品售价下降多少，销售部门都能够获得一定比例的手续费，因此销售部门愿意下调价格来笼络客户。然而这对生产部门来说并非一个好消息，因为降价意味着降低成本。

如此便造成两个部门的关系对立。

双方的矛盾不仅仅局限在价格问题上，当客户索赔时这种冲突也非常明显。

京瓷在美国的分公司是京瓷国际，它以硅谷为中心销售陶瓷零部件。当客户因产品问题进行索赔时，京瓷国际和京瓷本部的生产部门就会发生口角，前者认为是生产的产品给销售带来了麻烦，后者则认为自己与此无关。这种对立的状态，让京瓷在面向客户时无法保持团结的关系，让客户对销售部门多次施压，而销售部门却将"球"直接踢给了生产部门，二者在内部互相推卸责任，损害的却是京瓷整体的信誉。

这是典型的利己思维造成的损失，也是独立核算之后每个阿米巴的一种本能反应。如果阿米巴不为自己考虑，必定无法生存下去，但如果都为自己考虑，又将毁掉企业的未来。因此，在面对这一类矛盾时，管理者必须保持公正裁决的心态，不能偏袒任何一个部门，也不能将责任都推到某一个部门。

个体自由对阿米巴经营模式来说是一把双刃剑，既促进了经济效益的提高，又割裂了各部门之间的关系，所以没有相关的哲学思维做铺垫，这种组织模式难以长久。阿米巴的管理者必须拥有主见和远见，能够用个人魅力去感染他人，不要害怕和别人发生争执。因为争执也是化解矛盾的一种方式，特别是当企业内部出现严重的利益冲突时，一个管理者要采用哲学思维作为解决矛盾的思想武器，而不是强硬的行政命令。强硬的态度只能激化矛盾或者回避矛盾，会引发更严重的危机。

稻盛和夫始终强调经营哲学的重要性，就是为了让管理者能够站在更高的层次上去协调矛盾，这样才能以理服人，而不是利用职务优势。比如在对待生产部门和销售部门的矛盾时，如果客户向公司索赔，那就要先搞清问题出在产品质量上还是销售沟通上，明确第一责任人，不能让无辜者为犯错者买单，这才是公平裁判的重要意义所在。

稻盛和夫担心企业会出现虚假报账以粉饰经营恶化的情况，还有那些因为篡改数据而蒙骗市场的现象，这些问题在企业规模较小的时候并不明显，但是当企业的组织扩大之后，就会引发各种问题。事实上，造成这种现象的原因是企业的管理者缺乏一定的自我约束能力，让心中的贪念迸发，所以才蒙蔽了双眼。那么，如何才能有效遏制这种负面的心理现象呢？这就需要依靠强大的哲学思想武器，才能避免自私自利之心增长和蔓延。

为此，稻盛和夫提出一个口号：不撒谎、不欺骗、要正直。作为教育企业成员的基本要求，当然这不仅仅是一种宣传口号，而是一种行动的动力，一种本能反应，使人们在遇到问题时能为他人的利益考虑。想要全面贯彻这种思想，在选取人才的时候不能只选择名牌大学的毕业生，虽然他们在某些方面能力出众，却容易因为这种才能用错方向而动了邪念，做出一些违法乱纪的事。稻盛和夫认为，经营企业不仅需要精明强干的人，更需要道德素质较高的人，这样才能从根本上避免他们犯错误。

对于阿米巴的管理者也是如此，他们如果不能控制自己的内心欲求，即便才智过人，但匹配的是有缺陷的人格，可能会给企业带来致命的破坏。当然，人性的弱点并不容易被克制，即便在稻盛和夫的教导之下，京瓷内部仍然有一些管理者喜欢弄虚作假，还会用各种借口去推诿失败。稻盛和夫认为这种人缺乏的是作为管理者的勇气，他们惧怕上级的责备，不能正视问题。为此，稻盛和夫为京瓷灌输了诚实、正义、勇气、忍耐、努力、公平等价值观念。这些观念看似简单，却是很多企业在重视经济效益时被抛到脑后的东西，他们往往会因为缺失这些基本的道德而败坏了企业的风气，最终葬送未来。

在能力和人格面前，稻盛和夫更倾向于后者。一个管理者如果没有健全的人格，是很难带好团队的，尤其是在企业进入高速发展阶段。某个部门的经济效益提高了，管理者就更容易忘乎所以，即便原来拥有一些良好的品质也容易被成功所反噬，进而放纵自我，失去了自我鞭策和自我管理的意识与能力。这对阿米巴来说是危害，对企业来说就是灾难，因为每个管理者造成的负面影响的总和是巨大的。

当然，人格的重要性并不是指人格的唯一性，一个拥有高尚人格却毫无能力的人，同样不能带好团队，只是在这两大因素之间，最能产生决定作用的往往是人格，因为能力有一定的培养空间和机会，但是人格的养成往往超出了企业的教导范围。

领导者的基本素质是避免骄傲自大，要能敬天爱人，要不忘记自己曾经许下的承诺，更不能违背团队的最高利益。这是一个阿米巴负责人应当具备的素质，也是需要传递给组织成员的优秀品质，只有在企业内部养成这种价值观念，才能真正发挥阿米巴经营的优势。

提倡"实力主义"，不打"感情牌"

— —

奖罚分明是很多企业的人才管理法则，从表面上看合乎情理，但是在具体执行时该如何把握？奖励多了会不会让被奖励者居功自傲？惩罚严重了会不会让被惩罚者心灰意冷？最重要的是，奖罚手段对周围其他人会产生连锁反应吗？

既然这个问题有些复杂，莫不如从经营哲学的角度切入解决。对阿米巴经营来说，薪酬体系是化解奖罚问题的最有效手段，它能够规避人性中的负面因素，发扬其值得肯定的一面。在奖励员工的问题上，稻盛和夫的态度是：不会因为某个阿米巴提高了单位时间附加值而给他们增加工资，因为依靠钱去建立的雇用关系并不牢靠，也会引起和其他阿米巴之间的利益冲突。管理者只有对员工的工作业绩及时肯定，并将待遇体现在长期的关系上，才有实际意义，避免埋下隐患，而所说的长期关系就是长期雇用关系中给员工的福利待遇，而不是一次性发给对方多少奖金。

阿米巴经营哲学的核心是人心的经营，人心本来是复杂多变的，单纯依靠经济手段只能在短时间内换取一种同盟关系，并不能长久地维持。稻盛和夫认为，阿米巴经营需要依靠的是一种精神力量的聚合而非利益关系的绑定，一个管理者要懂得运用精神奖励去激励员工，这种激励不是简单的几句口头表扬，而是真正给予员工精神动力，让他们的价值观和企业紧密贴合。

虽然有外界质疑稻盛和夫的这种精神鼓励法，但是在他的努力下，京瓷确实形成了"能为相互信赖的伙伴的幸福作出贡献，才是本部门的存在价值"的观念，让不同的阿米巴成员也能理清个人利益和团队利益的关系：他们努力工作不仅是为了自己谋求幸福，也是为了企业作出贡献。阿米巴经营的最终目的是让员工在精神和物质层面都获得幸福，这才是领导者管理员工的基本原则。管理者在劝导和教育员工时，要多谈他们的切身利益和社会使命感，而不是让他们牺牲小我去成全企业。

信任是阿米巴经营的关系逻辑，对员工的不信任则违背了阿米巴经营的理念。在彼此信任的基础上，管理者应当让全体员工都参与到企业的工作中，没有高低贵贱之分，也没有资历新老之分，这样才能让每个人都为自己的前途找到发力的方向。

动用精神力量去感召员工，能够让员工的思维停留在精神层面，从关注物质利益转移到精神追求，会更加看重工作的意义，会乐于和他人进行合作，也愿意和大家一起分享工作的成果，从而形成良性的互动关系。用稻盛和夫的话说就是，在京瓷建立"尊重人性的经营"这种良好氛围。

既然精神管理法如此重要，这就要求管理者具有真正的实力，这个实力不是只会打感情牌的软弱妥协，软弱妥协只会一味地放纵员工，并不会赋予他们积极工作的动力。同样，有资历并不等于有实力，那些年龄较大的人虽然在员工中有一定威信，但并不意味着他们有能力带领团队，也不能证明他们的个人能力可以管理某个阿米巴。若一味以年龄作为任命领导岗位的原则，其结果可能是让该部门的经济效益降低，最终受害的是企业和员工。

稻盛和夫的选才标准有些苛刻，但并非是死板、教条主义的。如果一个人欠缺经验却拥有热情和一定的能力，那么他也具备担任领导者的资格，因为经验是可以在日后的工作中积累的，而道德品质和专业能力才是为企业创造价值的输出点，这正是稻盛和夫提出的"实力主义"。

一个优秀的管理者，不需要在阅历和年龄上有所限制，这些客观因素不能成为评判他们经营管理能力的标准。不过，稻盛和夫也意识到，实力主义的选才标准也不是完美无缺的，它会引发被选中者和身边人的矛盾。试想一下，如果是一个德高望重的老员工成为某个阿米巴的负责人，那么基本不会有人去找他的麻烦，但如果是一个初出茅庐的新员工被选为负责人，很可能会有很多人表示不服。遇到这种情况需要管理者出面协调，而不能任其自然发展。

在京瓷，有一些资历浅但能力强的人被选为管理者之后，一旦有人表示出质疑，稻盛和夫就会劝诫他们：保持一颗平常心，不要因为自己是前辈而愤愤不平，要学会换位思考——如果是你取代了他能否给公司创造价值？稻盛和夫认为，每一个员工都应当放下嫉妒之心，为被选中者感到骄傲和自豪，而不是躺在功劳簿上对别人指手画脚。

事实上，稻盛和夫对实力主义的担忧是正常的，当企业的经营规模扩大之后，难免要开辟新的业务领域，需要具有新技术的年轻人来担当大任，甚至会空降一批人才。有一次，稻盛和夫和公司的一些创业元老谈话时说到了这个问题，他向大家征求意见：打算引进一个新人来担任比老员工更高的职务。由于担心元老们可能存在的某些想法，稻盛和夫特别强调说："如果大家认为不能让一个不知底细的人来我们创办的公司的话，我就打消这个念头。"结果元老们听了之后都表示赞同。很快，稻盛和夫将新人引进，经过一段时间的历练，新人果然成了京瓷的中坚力量，在培养和锻炼人才的过程中，没有一个元老表示怀疑或者给新人出难题，而是齐心协力地与新人并肩作战。

我们不妨这样认为，京瓷的元老们并非在道德层面上有多么高的建树，而是他们能清楚地判断出新人到来之后会让个人利益朝着有利的方向发展，这才是他们真正需要关注的。一个企业能发展到多大的规模，和管理者的心胸有着直接联系：管理者格局越大，包容性越强，企业的规模和前景才能超过竞争对手。正是以这种高度的经营哲学为根本，京瓷才不断从外面引进新人才，让一大批年轻有为的精英为公司增添发展的动力，而整个团队内部始终保持着融洽的合作关系。这正从侧面证明了"实力主义"的真谛：有才者的出现不是剥夺他人的利益，而是为大家创造更多的福利。

与稻盛和夫的实力主义相比，欧美的企业家更推崇成果主义，也就是说考察一个管理者不是看他的道德品质如何，而是看他是否能够激发员工的工作热情，单纯地采用物质刺激的方式驱使员工为企业效力，当员工获得业绩之后就能得到高额的回报，反之就会被降薪或者开除。

成果主义在市场竞争激烈的环境下是有益的，它能够快速地选拔出优秀人才，也能够直接验证某个人对企业的贡献，不过这种方法并没有触动员工的内心，仅仅是赋予他们认真工作的动力而非建立一种责任感和使命感。如果这类企业身处的市场环境发生重大变化，业绩下降，那么员工再努力也无法达到鼎盛时期的水平，他们可能会被降薪或者解雇。这时他们对企业的感情就会化为乌有，他们会认为自己被企业利用之后又抛弃了，从而滋生出一种消极甚至是对抗的心态。总而言之，成果主义试图在员工和企业之间建立一种稳定的利益关系，但这种稳定只是短暂的、表象的。

稻盛和夫看出了成果主义自身存在的缺陷，这种激励方式很难应用在阿米巴经营中，因为它只能造成各个部门之间的关系对立和利益分割，无法构建出一个完整的经营整体，让员工和企业的黏着度下降。为避免员工之间、部门之间的对立态度，不能单纯用物质奖励的方式去维系，特别是在遭遇环境突变的情况下，成果主义带来的危害会阻碍企业的上升通道。

成果主义之所以能够在欧美商界流行，和欧美文化中追求个性解放、自我独立的思潮不无联系，但这和东方社会的文化并不融合。无论是中国还是日本，都普遍存在不患寡而患不均的思想，人与人之间如果差距不大，即便生活水平不高，人们也愿意安于现状，反之就会产生强烈的妒忌心理，这对于建立一个经济共同体来说危害甚大。当然，企业也不能为了盲目追求平均而去搞大锅饭，那样只会走向另一个极端。最关键的问题是，如何让集体人心聚合，这才是持续推动实力主义的促进因素。

一些企业家认为，员工之间存在着能力上的差别，所以将他们划成三六九等。能力强的就会被高看一眼，被安排到重要位置上；能力弱的就容易被忽视，被安排到不重要的岗位上，自然待遇也有很大差别。事实上，这种思维和"成果主义"有异曲同工之处，都是用最简单直接的对比作出判断。不过稻盛和夫却反对这种做法：能力的确是决定人能否作出成绩的要素，但不是唯一要素。因为人的能力能否得到充分的发挥，还要受制于思维方式，如果一个人能力较强，却缺乏相应的哲学思想，那么他能力的发挥也会受到限制。以稻盛和夫为例，他毕业的大学只是普通学府，并非人才辈出之地，他的能力也很寻常，他的成功更多是源自对工作的热情和对整个世界的思考。

正是因为有着这样的能力观和人才观，稻盛和夫才强调，一个管理者不能简单地通过评判员工的才能去决定他们的前途，因为企业需要的是一个人充满激情地面对工作，需要认真踏实地面对生活，只有始终维持这种状态，才能让员工接受先进的哲学思想。

其实，稻盛和夫提出的实力主义和欧美的成果主义，最大的区别就是对实力本身的定义。稻盛和夫认为实力是一个变量，一个能够通过实践和学习强化的元素，即平庸者可以提升能力，强大者也可能退化能力。

阿米巴的管理之道，是让员工打破平均主义，实现能力强者得到更高待遇的目标。但是这个待遇是企业逐年逐次给予的，而不会在某一天单独作出奖励，引发彼此的嫉恨。管理者要秉承公正和谐的原则，对员工进行科学的评估，既要让他们发挥各自才能的独立性，又不破坏他们之间合作的团队性，这样才能确保阿米巴经营模式不从内部分裂，将优势发挥到最大。

解读"人生方程式"

— —

人的一生，既短暂又漫长，既有幸福又有辛酸，那么，怎样才能让人生减少遗憾和痛苦呢？这是很多人苦苦探索的问题。

稻盛和夫出生在一个普通家庭，从小生活困难，成绩也一般，毕业后面试时也遭遇了很多挫折，最后进入一家普通的企业。在多次的人生失败中，稻盛和夫一直在思考一个问题："像自己这样平凡的人，如果要过精彩的人生，到底需要什么？"在他创办京瓷之后，随着经营管理能力的提升，他发现了一个被很多人忽视的真相：经营和人生是相通的，生活中信奉的哲学和经营哲学并没有本质区别。因此他提出了人生方程式，既是鼓励自己也是鼓励和他一起干事业的人。

这个著名的人生方程式就是：人生·工作的结果 = 思维方式 × 热情 × 能力。

在方程式里，人生和工作是由思维方式、热情和能力三个要素以乘法的方式存在的，其中能力和热情的区间是从 0 分到 100 分，两者是相乘的关系。那些自认为能力出色的人往往容易骄傲自满，不会发挥出相乘的力量，同样，那些并不高看自己但是能客观评价自我的人，往往能通过燃烧的激情和努力完成工作任务。除此之外，最重要的是思维方式，它代表着一个人的人生态度，它的分值区间是从负 100 分到正 100 分。由于热情和能力是相乘的关系，所以思维方式如果出现问题，就会将人生带到截然相反的方向去。从整体来看，能力和热情都非常重要，但起主导作用的却是思维方式。

在稻盛和夫看来，能力可以看成先天的智力和体力，而热情则是后天养成的一种精神和意志。应当说，每个人的能力和热情都是不同的，所以产生的组合结果也大相径庭。打个比方，一个人身体健康、头脑聪明，能力是 90 分，然而却是一个刚愎自用的人，努力只能打 30 分，那么这个人的能力和努力相乘的结果是 2700 分。如果一个人能力只有 60 分，却为了弥补资质的平庸而不断努力，努力的分数是 90 分，这样相乘的结果就是 5400 分，比第一个人的综合能力高出一倍。

人生方程式是稻盛和夫用几十年的经验总结的，他认为自己天赋平平，他的合伙人也是寻常人，然而这些看似普通的人聚合在一起却成就了京瓷这样世界级的企业，这与大家的热情是分不开的。

京瓷有一个贯彻多年的工作法则，叫作压强原则，它的定义是：如果对客户的订单无法完成或者客户提出的要求过于苛刻，公司仍然要接下来，让每个阿米巴发挥自身的能力去完成。这并非强人所难，而是相信能够创造奇迹。

稻盛和夫认为，一个人的天赋强大到干什么都轻而易举的话，自然不需要努力，而一个人不断努力的根源也是由于能力上的欠缺。只有和自己的过去进行对比时，一个人才能明白未来要如何去努力，怎样才能提升个人能力。因此，能力配合努力，本身也是一种变量，所以稻盛和夫说："要用将来的眼光来估量自己的能力。"

总而言之，能力和热情是同等重要的，不过在稻盛和夫看来，这些都不是决定人生成败的关键，关键在于思维方式。其实，在不同的场合，稻盛和夫对思维方式的解读也不同，有时候会解读为人格，有时候会解读成理念或者思想，所以最严谨的说法是"人格·理念"。

稻盛和夫认为人格有善恶之分，善的品格有勇敢、诚实等，恶的品格有虚伪、任性等。理念是实践、认识、再实践、再认识的一个循环过程所产生的结果，存在着对错之分，正确的理念能够帮助人们认识外部世界并借此去改造更新更美好的事物。归根结底，思维方式决定了人生和工作的结果。正因为理念有对错之分，所以它的分值才有正有负。

在职场上，其实一直不缺少能力强、热情高的人，然而很多人只能获得一般的成就，甚至有的人辉煌一时但最终失败。这是因为他们过分相信自己的能力和热情，忽略了对理念、心智的培养，导致他们用错误的思维方式去指导人生，能力和热情反而推动他们走向更大的失败。要想避免这种悲剧，就要不断自我反思，让能力和热情作用在正确的路线上。

有些人能力出众、热情满满，然而在成为管理者之后，却无法带动其他员工一起工作，通常人们会认为他缺少领导力，其实并非如此，这是他的思维方式出现了问题。他只能适应单枪匹马的个人英雄主义，而忽视了协同作战的团队主义，他的个人能力不仅无法发挥，反而还会被限制。

同样是人，同样生活在一个社会中，有的人最终获得了幸福，有的人却终生不幸，这个对比在企业间也很明显。有的企业一路扶摇直上，有的企业一路坎坷。到底是什么原因造成了这种差别呢？还是人生方程式中的三要素，也就是说，通常被管理者们看重的能力只占据成功的三分之一要素。

具体到阿米巴经营上，人生方程式也能诠释出重要的意义：阿米巴经营模式本身代表着一种先进的思维方式，只有从内心去接受它并在意识层面真正地理解它，才能将这种全新的组织模式应用到企业中。同样，阿米巴经营模式需要每个参与者保持旺盛的工作激情，因为它让员工成为独立的战斗单位，不依赖他人，强化自我，而缺乏激情是无法做到的。从这个角度看，人生方程式何尝不是阿米巴经营模式的方程式呢？

稻盛和夫的人生方程式告诉我们：选人比用人更重要，一个对的人对企业来说是巨大的财富，而一个错的人将给企业带来诸多麻烦甚至是灾难。

人都有善恶两面，利己之心是广泛存在的，这不是恶，恶的是为了利己而去损人，而且对任何利他思想完全排斥。这样的人只适合独立做事，绝不能放到任何一个团队中去，因为他不仅会破坏团体的和谐性，还会将负面思想传递给他人。这是经由思维方式折射出的人性差别。同样，热情也是人的一种属性，这个世界不存在绝对没有热情的人，只存在热情高或者热情低的差别。热情是一种能够感染他人的正能量，企业需要具有这种心理特质的人，对那些浑浑噩噩的消极分子应当敬而远之。至于能力，这是一个相对专业的问题，一个员工的能力是否合格，需要由专业的经理人去判断，如果经理人本身资质不够，那么作出的判断也不足为据。

有人认为，一个员工能够同时满足人生方程式中的三个要素似乎有些困难，其实这是没有抓取到核心问题才产生的认识。那核心问题是什么？是一个员工是否具备健全的人格，有了健全的人格，才会有正确的思维方式，才不会做出损人利己的事情。同理，一个人格健全的人也会有必要的热情，或许这个热情度尚未达到企业的要求，但是企业可以通过各种方法去调动热情，实操难度并不大。关于能力，一个人格健全的人都会有奋发向上的基本欲求，只要企业精心培养和耐心发掘，对方的能力也不会与企业的要求相差太远。因此，企业在选择人才的过程中，首先要挑选心态良好、三观健全的人，然后才能考虑能力和忠诚度，而后面两个考察项目可以通过培养去建立，这就要看企业是否有足够的耐心和信心了。

人生方程式是稻盛和夫多年从事管理的经验心得，它不仅是一种哲学式的企业选才标准，也是一种个人化的自我修行方案。成功方程式是一个整体，三个要素之间既有对立的关系也有依存的关系，能够互相影响和作用，只要其中一个分数增加就能在相乘的状态中呈现几何式的增长。当然，思维方式是最容易被人忽视的，所以成功和失败有时只是毫厘之差。

人生方程式的理论并不深奥，但是并没有多少人愿意用自己的人生去验证它，而稻盛和夫却用一生的经历和感悟证明了它的正确性，验证它是朴素而实用的真理。稻盛和夫说："人生和经营的真谛，并非崇高得可望而不可即，更不是什么难以理解的东西，作为最基本的真理观，其实它就在我们每个人身边，问题是如何愚直地将它贯彻于始终。"

大道至简，稻盛和夫吸取了很多思想精华并将其成功地应用在工作和生活上，他所追求的就是一种返璞归真的境界，从最容易被人漠视的角度出发，重新看待身边的世界，为自己赢得全新的感悟和经验，走向成功的彼岸。

让员工站在"舞台"的中央

— —

日本的 NHK（日本放送协会）曾经播放过一个研究植物生长的电视节目。植物对光线能够产生反应是因为植物体内有感受器，所以一直向着太阳生长。为此科学家做了一个有关植物对声音刺激的实验，在植物的叶片上面安装类似测谎仪的装置，然后给植物播放音乐，从古典音乐到流行音乐。当人们改变音乐的类型之后，装置上面的波形发生了变化，说明植物对音乐是有感受能力的。后来，NHK 的记者在美国的一个农场里，看到农夫一边开着拖拉机施肥一边播放古典音乐，记者问农夫为何要这么做，农夫说："施肥时播放音乐，产量会增加 20% ~ 30%。"

植物尚且如此，那么比植物构造更复杂的人类，只要给予他们一定的外在条件进行刺激，也能让他们爆发出平时隐藏的潜力。阿米巴经营模式，恰好就是一个外界刺激条件，它能够唤醒员工被压抑的雄心壮志，驱动他们从一个安于现状的打工者变成心怀创业梦想的经营者。

企业在发展到一定规模之后，会变得无法看清全貌，从而给领导者带来巨大的压力，他们会疲于应付各种大事小情，而无法专注到未来市场的战略制定上，这时候就需要有人帮助他们分担责任。

稻盛和夫认为，将部下培养成有才华的负责人就能缓解自身的压力，而不是通过外部招聘。因为外部招聘成本很高，而且招聘过来的人和企业的融合度较低，需要一定的时间去适应，还可能在积累了工作经验之后辞职寻找更好的出路。正是出于这种担心，稻盛和夫才从现有的员工队伍中培养人才，向他们传达经营哲学，让每个员工或者管理者都成为企业最小的单元，他们周围则是具有同样作用的同事，就像多个植物细胞聚集在一起产生的变化那样，哪怕是一个临时工或者兼职员工也应当具有经营者意识。

阿米巴是什么？它是一堵墙，由无数块大小不一的石头堆砌而成，大石头就是精英分子，小石头是普通员工，如果将这些石头散落在地则毫无用处，只有聚合在一起才能建造出一堵墙或者一座雄伟的建筑。

在京瓷推行阿米巴经营模式后，有很多小时工也成了中坚力量，她们往往是一些家庭主妇，却也拥有一定的理财意识，甚至可以向一些大学生传送经验。在阿米巴经营模式推行之前，她们只会被动地接受命令，但是经过阿米巴理念的洗礼之后，她们能够在工作现场提出解决问题的方案，为组织增加利润收益，这就是阿米巴经营模式的改造力量。

让每个员工都爆发出潜力，并不是领导者将所有工作都交给手下，而是让每个人都能得到授权，充当决策者和责任人，当他们的工作出现问题时，领导者才有权批评教导他们并帮助他们及时改正错误。

稻盛和夫说过，每一个员工都是京瓷最重要的合伙人，他们为京瓷的发展提供了足够多的帮助，而京瓷的发展也为他们带来很多机遇。他认为，大家是一个整体，缺少了任何一方，另一方都不会取得成功。

将员工变成经营者的合伙人，这才是促进他们自我意识觉醒的开始，也是让他们勇于承担责任的前提，一个被上级压迫的执行者是不会有强烈的责任心的。所以，京瓷的阿米巴成员都是合作关系——上至巴长下到员工，这种关系是他们深度参与经营管理的最佳切入点。

从个体意识的角度看，阿米巴经营是现代企业管理的重要进步，因为每个员工都有想要展示自我的欲望。只有在人力资源管理上开创新的模式，才有利于帮助他们实现职业理想，他们也愿意投入热情去工作。正如美国心理学家威廉·詹姆士所说："通常，与应有的成就相比，我们只能算是'半醒者'，大家往往只用了自己原有智慧的一小部分。"所以，阿米巴经营就是让每个员工的"企业家才能"被唤醒，让他们发挥出最大的功效。

是否敢于放权，是一个领导者用人策略是否正确的检验标准，它能够让员工感觉到自己是使用权力的主体，自然就更有责任感，也更容易被激发战斗力。

松下幸之助曾经计划在金泽开一家办事处，最后将这项工作交给了一个不到 20 岁的年轻人。年轻人感到十分吃惊，他说自己进入公司不到两年根本没有经验，然而松下幸之助却对他很有信心："你没有做不到的事，你一定能够做到。放心，你可以做到的。"这个年轻人上任之后，每天都写信向松下幸之助汇报工作进度，最后顺利建立了办事处。后来，松下幸之助回忆这段往事时说："我一开始就以这种方式建立办事处，竟然没有一个失败……对人信赖……权力才能激励人。我的阵前指挥，不是真正站在最前线的阵前指挥，而是坐在社长室做阵前指挥。所以各战线要靠他们的力量去作战，因此反而激发起下属的士气，培养出许多尽职的优秀下属。"

稻盛和夫认为，在物质领域，世界上的东西可以分为三种，一种是可燃物，一种是不可燃物，还有自燃物，而这种物质的分类方式也可以同比到人类社会。

阿米巴经营意在将具有可燃物和不可燃物属性的员工变成"自燃物"，他们就会主动修炼人格，成为一个善于沟通者，甚至会成为团队的中坚力量，是企业不可或缺的经营管理人才。归根结底，稻盛和夫想通过阿米巴经营让员工产生强烈的自我实现的动机，从而去追求个人价值的实现，由于被责任感绑定，他们也会帮助企业实现终极的战略目标。

稻盛和夫在刚创办京瓷的时候，只要企业出现问题就马上亲临现场解决，无论是生产、销售，还是和客户对接，每天都忙得焦头烂额。这种状态不利于他腾出更多的时间去思考企业未来发展的长远大计，严重束缚了他的手脚，为此稻盛和夫决定将员工培养成能够和他并肩战斗的合作伙伴。

起初，稻盛和夫通过划分销售区域的方法，将京瓷分为西日本销售和东日本销售，当客户进一步增加时再将西日本销售划分为四国地区、九州地区、关西地区和中国地区。但是这样的区域划分只是解决了跨地域的问题，并没有从生产环节进行细化，于是他后来才制定了按照工序和产品类别划分的阿米巴经营模式。

阿米巴经营模式为稻盛和夫贡献的不仅仅是高生产效率，还有高意识层次的员工。在传统的雇用体制中，员工每天的工作状态就是在规定的时间内工作，然后领取相应的报酬；经过阿米巴经营模式改造之后，员工的状态就变成了即便牺牲个人利益也要全力改变企业的经营面貌的状态，于是稻盛和夫就拥有了坚定地和自己站在一起的共同经营者。直至今日，其中很多员工都成长为部门的负责人，成为独当一面的精英。

培养人才的深层意义在于，能够化解劳资对立的关系。在第二次世界大战结束之后，日本有越来越多的工人开始为谋求自身的利益而抗争和奋斗。相比之下，一些企业的管理者还将工人简单地看成活的生产工具，这就违背了时代的潮流，也不符合日本未来的经济发展趋势。稻盛和夫认为，这种落后的观念主要是受到传统的农耕文化的影响，让掌握着生产资料的商人成为社会的中坚力量，而付出劳动力的工人地位低下。工人们只是为了生存而工作，而并非为了理想，他们的主动意识非常弱。尤其是在企业规模扩大之后，组织机构日益庞大，一个或者几个核心管理者已经难以应付繁重的工作任务，如果沿用传统的雇用观念去驱使员工为企业效力则是不现实的，所以必须消除内部的对立关系。

稻盛和夫的经营哲学，本质上就是培养经营者的科目，他借此要在公司塑造出更多像他一样的人，与他有着相同的心态和思维方式。如果员工无法理解经营哲学或者不能将其转化为自己的东西，就不能被委以重任。一个合格的阿米巴领导者，应当是对经营哲学有着深刻理解的人，不能单纯依靠大脑去解决问题，更要将经营哲学运用在实际工作中。

稻盛和夫经过长时间的思考和实践，认为只有尊重员工的权益，才能让他们与管理者同心同德，将企业办好，才能从根本上消除劳资对立关系，组建一个强大的经营集体。

稻盛和夫从美国律师事务所中吸取了一个新鲜的概念：合伙人。它的定义是作为共同经营的责任承担人，这是一个先进的关系设定，只是当时日本的法律制度中尚未吸纳这个概念。但是，这并不能阻挡稻盛和夫向美国学习，他认为合伙人就是最理想的员工和雇主之间的关系。那么，如何才能妥善地建立这种关系呢？

稻盛和夫找到了一个强有力的武器，那就是家族观念。众所周知，东方民族相比于西方民族，家庭观念更强，也有着更清晰、更严格的伦理规定，一个大家族就是一个命运共同体，甚至是经济共同体，只有互相帮扶才能提高生存下去的概率。稻盛和夫将这个伦理概念引入企业管理中，构建一种规模更大、跨越性更强的大家族主义。

显然，当一个企业变成一个命运共同体之后，员工就再也不用被迫地工作，而是主动积极地工作。因为他们深知自己的利益和企业这个大家族是牢牢联系在一起的，企业垮掉了，个人利益也就烟消云散。阿米巴之间的协作气氛想要保持正向、积极的状态，就必须要以大家族主义作为人力资源构成的基础，才能实现更多的政策革新。

想要真正贯彻大家族主义并非易事，这不是喊几句口号就能解决的问题。想要让全体员工团结一致，就要为全体员工创造物质和精神生活的双丰收，这样才能最大限度地弱化劳资对立关系，才能形成一致对外的工作理念。为此，稻盛和夫身体力行，把自己转变为一个真正无私的企业管理者，他思考的主要内容不是个人财富的积累而是全体员工的福利，也正是传递出了这种信号，让他在批评教育员工的时候，大家都明白他是为了大家的利益着想，也就能心甘情愿地接受，命运共同体的意识就得到了加强。

不过，想要让员工真正理解自己还是很困难的，稻盛和夫也发现，自己即便看轻了个人利益，在和员工沟通时，对方也难免会有不理解之处。起初他认为是员工自身的问题，后来才发现，这种矛盾的根源在于信息不对称——员工并没有真正了解公司的经营现状。为此，稻盛和夫尽量做到和员工信息共享，公开企业的真实信息，将现实困境都告诉给大家，这样一来，员工就容易理解他所表达的内容了。

稻盛和夫说过,让每一个员工都成为企业的主角,就能够让员工站在"舞台"的最中央,让员工在感受到企业对他的重视的同时也能够让员工施展自己的抱负,有助于员工实现自我价值,进一步激发员工的事业心和责任心,如此一来,企业的发展前途不可限量。

合伙人也好,大家族主义也好,都是为了让员工自觉地参与到经营工作中,其中有一个牵引力至关重要,那就是要为员工树立寻找人生方向的理想,这样他们就不会把自己看成一个打工者,而是一个奋斗者。即便他们心里没有强化合伙人这个概念,也会因为获得工作的喜悦去维持这种执着和冲劲,这样一来,稻盛和夫拥有的不仅仅是精明强干的合伙人,还有了可以学习和交流的战略合作伙伴,在分析和处理企业的日常工作时就有了一支队伍庞大的智囊团,解决难题时也就游刃有余了。

不能解决问题的领导者是一个"不道德"的人

— —

稻盛和夫经营理念中最重要的理论是以德服人,这也是阿米巴巴长管理员工所必备的素质。稻盛和夫说:"我喜欢那些不是用强权,而是用自己美好的道德品质去服众的领导人,因为他们是值得让人尊敬的人,他们能够为企业的发展带来巨大的影响,影响着员工的道德素质,这种领导人就是让京瓷不断发展壮大的'功臣'。"

管理者拥有良好的品德能够赢得员工的尊敬和信任,使员工愿意跟着你一起工作和奋斗。如果一个管理者经常用阴谋诡计去获得利润,那么员工不会发自内心地尊重他,反而会从他身上学到不正当的竞争手段，进而带坏整个企业的风气，造成道德滑坡和业绩的泡沫。在这种风气的影响下，阿米巴之间也难以有平心静气的谈判，更多的将是利害关系的角逐。

稻盛和夫强调管理者必须以德服人：你也许没有足够的才华，但只要你有令人信赖的力量，你就能够成为一个出色的基层阿米巴的领导人，而当你成为德才兼备的人时，你就能够成为高级阿米巴的领导人。至于如何做到"以德服人"，需要满足三个条件。

第一，解决问题。

稻盛和夫说："在经营阿米巴的过程中，领导人要能够以德服人，除了自身具有很好的道德品质之外，还要能够成为那个解决问题的人，不能解决问题的阿米巴领导人就是一个'不道德'的人，因为他们总是将问题抛给员工。"正因为信奉这一原则，京瓷将是否能解决问题当成考核阿米巴领导者的重要指标，在这种严酷的要求之下，几乎每一位巴长都是解决问题的高手，只要现场出了问题他们马上会研究解决方案而不是向上级汇报或者埋怨下属。更重要的是，巴长都会将错误揽在自己身上，让员工不必为承担责任而恐惧，从而让大家冷静下来，积极研究补救措施。有一个阿米巴的员工在生产时引发了火灾，烧毁了整个车间，然而巴长却镇定地指挥大家将能带走的原材料带走，及时减少了损失。事后，员工对巴长的冷静反应十分钦佩，大家都愿意承担责任，因为他们不能缺少这样冷静处理问题的领导者。

第二，充当榜样。

稻盛和夫认为，每一个阿米巴的领导者都要身先士卒冲在第一线，只要巴长做到了，员工就没有借口做不到，而且还会在巴长的带动下全力以赴。因此，京瓷对巴长的要求十分严格。有一个生产型的阿米巴接到了生产 46000 个电子配件的任务，然而该阿米巴加上巴长只有 9 个员工，一个员工每天只能做出 400 个，而客户要求 10 天之内完成，还差 10000 个。如果换作是其他企业，巴长或者和客户讨价还价，或者向上级寻求支援，然而这位巴长却尝试着高强度生产，将每人每天的产出量从 400 个增加到了 500 个，不过还是差 1000 个，最后巴长请求材料部门的阿米巴多加一道工序，这样就能在生产时提高速度。在阿米巴互助精神的作用下，材料部门愿意配合，员工在这位巴长的带领下不敢松懈，也没有抱怨，而巴长总是早来晚走并指导能力较差的员工，最后大家共同完成了任务。

第三，关心员工。

稻盛和夫认为，巴长不仅要有解决问题的能力和相应的品德素质，还必须成为员工的贴心人，这样才能打破上下级之间的隔阂，才能在管理中做到以德服人。稻盛和夫的这个观点被京瓷当成了潜在规矩，每个巴长都爱护自己的员工。无论是工作中遇到了问题还是生活中碰到了困难，巴长都能帮助员工妥善解决，拉近了和员工之间的距离，也为阿米巴带来了更强大的凝聚力。在京瓷，业绩好的阿米巴往往都有一个热心肠的巴长，这些领导者未必有多么令人称赞的才能或是业绩，但他们无一例外地被员工喜爱，因为他们乐于助人，所以员工愿意跟着他们一同奋战。难怪稻盛和夫说："成为员工们心中的'贴心人'，也许是一件不容易做到的事情，但是只要努力，只要发自内心地去爱自己的员工，就能够成为员工们最信赖、最尊敬的那个人。"

以德服人操作起来会有很大困难，它需要管理者有广阔的胸襟和高远的视角。有一次，稻盛和夫去京瓷的海外工厂视察，看到一个美国籍员工竟然将贵重的材料随意丢弃。面对稻盛和夫的斥责，这个美国籍员工不仅不认错，还出言不逊。后来稻盛和夫才知道，这个员工是参加过日本冲绳战役的士兵，凯旋后，变得骄傲自大，总是用侮辱性的语言去攻击别人，尤其是日本员工。稻盛和夫深有感慨地表示，企业可以随时解雇这样的员工也可以用强权管制他，然而只要你不在他身边，他依然会我行我素，不会全心全意跟着你工作。因此，唯一能彻底解决问题的办法就是让对方真正放下芥蒂，信任你、尊敬你，也就是用德行去感化对方，否则只能通过开除来解决。

正因为管理员工存在一定难度，所以领导者必须具备高尚的人格，特别是在管理思想认识、教育背景有着较大差异的员工时。而德行本身是可以跨越国界和文化的，是一条通用的法则，不能以德服人就不能让更多的人聚集在你的身边。

以德服人是一种"道"的体现，而非"术"，这就是稻盛和夫经营哲学的最终归宿——利他主义的先导。想要做对他人有益的事情，就要用高尚的人格去感染对方，对方才能明白你的善意和善举。最重要的是，以德服人并非一种操控手段，也非一种权谋伎俩，而是一种关怀目的：将"德行"体现为"善行"去关爱他人，而不是让他人因此对你俯首帖耳。

稻盛和大在他的著作《活法》中写道：在经营的过程中，如果经营者的理念是利他的——所谓利他，指不是从自己个人私利出发来经营这个企业——这个企业可以取得很大的成就。从表面上看，这一思想和经济学有些水火不容，但实际上却是一条实用的处事法则。稻盛和夫说："利他的德行，会形成一种跨越困难、带来成功的强大原动力。这是我参与通信事业过程中所得到的亲身体验。"

企业追求利益是经营活动的根本需求，但不是唯一需求，更不是最高层次的追求。人之所以区别于动物，是因为人有克制欲望的能力和意识。以德服人就是克己爱人的表现，是为他人的利益着想，只有做到这一点，才能建立良性和谐的社会关系，从而让自己的利益得以保全甚至扩大。

有一些企业的领导者常将"以人为本"挂在嘴边，但给员工的培训课却是走走过场，遇到现实问题仍然将企业利益放在第一位，甚至让员工牺牲个人利益去保全企业的最高利益，即便给员工一点点好处也是有着诸多条件的。这本身就是缺乏德行的表现，根本无益于员工和企业之间建立稳定的关系。只有诚心诚意去培养员工并相信他们，才能让员工觉得领导者真正有德行，否则只能埋没人才或者让人才流失。

稻盛和夫的卓越之处在于，他不会像巴菲特那样直接传授给你一些实用经验，也不会像杰克·韦尔奇那样给你讲述实战案例，你能从他身上学到的看似简单的做人法则，与企业经营关系不大，却是一种能够融入经营和管理中的制胜法则，只有用心体验才能明白其中的道理。而以德服人就是一条看似寻常却汇集了稻盛和夫几十年经营智慧的思想法宝，而且稻盛和夫身体力行，用京瓷、KDDI 和日航这些名震全球的企业证明了其方法的可行性。学习稻盛和夫，首先要心怀平和之心，才能从中获益。

阿米巴经营体制：量化分权之道

Chapter 3

何为阿米巴经营

———

一年深秋，稻盛和夫走进村落化缘，一位老妇人给了他 100 日元。稻盛和夫突然开悟，他认为自己目睹了人的本性：100 日元对他而言根本不算是钱，但他却由此见到了老人的悲悯之心。在稻盛和夫看来，金钱不能以多少来衡量，而是要以其中潜藏的爱与善来测定。从那以后，稻盛和夫悟到了自己的新使命，通过多年的积累和修行创造了"阿米巴式经营法"。

阿米巴又叫作变形虫，是一种原生动物，虫体非常柔软，身体可以向各个方向伸展出假足，让身体处于变化多端的状态中。阿米巴最大的特点是能够随着外界环境的变化而变化，从而适应新的生存环境。稻盛和夫用阿米巴给他的小集体命名，就是为了让它能随时适应市场的变化而生存下去。

阿米巴经营模式的核心是人性化，所以一切实施该模式的外部条件都要围绕"人性"二字，这对人的素质和精神境界的提高十分有帮助。稻盛和夫凭借赋权经营、权责对等的方式让员工找到了当老板的感觉，这也就迫使他们换位思考，用企业管理者的思维去审视他们的案头工作，和企业共同成长进步，自然就能成长为专攻一门的精英。

想要透彻地领悟阿米巴，就要以宗教信仰为突破口，当然，这并不要求你是一个虔诚的信徒，而要怀有佛性、心揣仁爱，不能自私自利，否则在一个只为眼前利益而拼得你死我活的世界里，怎样产生高效的工作效率？又如何真正与他人配合呢？企业的管理者要从文化思想上营造先人后己的氛围。

阿米巴经营模式能够在日本创造成功案例，和日本的终身雇用制不无联系。日本的企业很少辞退员工，所以员工的安全感很高，忠诚度也高。长期坚守在一个部门、一个岗位上，容易培养他们的职业技能。所以，企业要在待遇上给予员工一定的保障，才能培育实施阿米巴经营模式的土壤。

阿米巴经营最核心的是它的基础伦理逻辑，这个伦理逻辑和日本人的民族性及文化息息相关。日本人崇尚不给别人添麻烦和团队精神，这些都是阿米巴经营模式立足的根本，也只有当企业自上而下学习了这种精神之后，企业才具备实施阿米巴经营模式的条件。复制阿米巴经营模式，本质上是复制日本民族的一些优秀特质。

具体到技术层面，阿米巴经营模式就是让每个员工都成为老板，都有自主决策的权力，包括产品的议价能力在内，换句话说是组成了内部市场。阿米巴经营模式舍去了 KPI 这种绩效考核制度，也摒弃了按件取酬的传统方式，让员工将他们完成的产品出售给销售部门，定价多少由员工自己决定，最后按照比例分成。

和传统的管理体制相比，阿米巴经营模式不是一种简单的雇用关系，而是生成了独立的结算单位，让企业和员工的利益都能得到最大化。在这种制度的影响下，管理者考察的就是员工的盈利能力，这个是直接和市场环境挂钩的，比考验员工的技术能力、勤劳程度要更接近竞争的实际需求。而且，阿米巴经营模式确保了财务数据的准确性，因为在传统的管理机制中，员工的工作效率不直接与财务数据挂钩，而在阿米巴经营模式中，每个生产单位都能体现出精确的财务计算价值。另外，阿米巴经营模式便于企业查漏补缺，一且发现问题就能具体聚焦在某个生产单位上，而不用费尽心思去逐个环节、逐个部门地排查。

总的来说，阿米巴经营体现出以下五个特征。

第一，自由组建。

企业的员工可以任意组合，组员和队长能够相互选择，甚至允许单人成组。每个小组都能决定自己进货的种类和产品的款式，拥有自己的销售计划和内部排名，奖励和分配也能自主认定，有高度的自主权力，而企业的财务、行政等部门都属于服务部门，为这些产品小组服务。当然，产品小组不是固定不变的，当有人认为这个小组不符合预期时可以离开，去其他团队或者单人成组，极个别的人会被淘汰。

在日航，稻盛和夫以某一条航线为内部交易流程，比如机场部、客舱部和销售部等，他们都各自组建一个阿米巴，用各自的收入向其他阿米巴购买服务，这样就有了收入和成本，每个组织都会为了自身的利润不断完善自我。

第二，内部市场。

阿米巴经营模式的流畅运行需要财务系统的强力保障。稻盛和夫在刚开始推行阿米巴经营模式时，让每个负责人填写单据，根据单据分配成本并完成其他操作，结果造成了巨大的开支。在现代企业管理体系中，企业可以依靠成熟的 ERP（企业资源计划）系统，简化这个交易的过程。当然，在具体的交易中，价格一定要合理，因为大家信奉的是道德至上，不能为谋求一己私利而损害他人利益。在竞争中要掌握分寸，特别是像生产和销售这样的部门，如果都是生产者，竞争力差或者要价高的会遭到别的阿米巴的排斥，迫使它作出调整，而且高层管理者也会适当进行纠错，防止因为某个负责人的性格因素造成小组的决策失误。

第三，全员参与。

阿米巴经营的对象始终是人心，要用"作为人，何谓正确"去思考每个阿米巴单位的工作内容，让企业和员工都去做正确的事情，一旦做错就要主动反省和检讨，养成积极的工作态度和自我鞭策的动力。因为每一个阿米巴单位每天都会排名，那些力求上进的人会不断争取进步，第二名想成为第一名，第一名则努力卫冕，最后一名力争上游……这种正向的竞争氛围会赋予每个人激情与活力。

小米以参与感闻名于世，同样，阿米巴经营的亮点也是让每个员工都能参与进来。这样就能最大限度地激活企业员工的工作积极性，让内部爆发出生机与活力，同时让产供销链条上建立快速的反应机制，从而满足企业对市场的感知能力。

参与感的核心在于每个人都能找到自我，每个人都有话语权，才能产生"我是经营者"的概念。这样做也是为了让企业诞生出若干个"法人"，每个"法人"都会竭尽所能作出正确的决策，为企业附加一种刚性动力。

第四，经营透明。

员工的心性被调动起来之后，会积极地寻找问题的根源并解决问题，避免让埋头苦干的员工不被重视而让善于表现自我的人成为功臣。它能够保持员工的工作积极性，依靠数字量化让大家的目标统一，杜绝攀比心和嫉妒心，让每个人积极完善自我的欲念被激发出来。

第五，风险共担。

阿米巴的价值量化是用企业最终的产值利润通过价值链倒推，最后合理分配到每个阿米巴中的一种量化手段。让每个阿米巴单位都能得到企业的认可，实现责任分配，就能让企业在市场环境恶化的背景下将风险分散，减少亏损。

阿米巴经营是一种扁平化管理模式，将每个部门拆成独立营运的利润中心，选取胜任的负责人。从概念上看这个制度并不复杂，难就难在如何落地实施，而这才是学习稻盛和夫的关键。任何一种管理制度都是在实践中演化而生的，不可能单纯诞生于某个理论，因为和现实结合会产生诸多问题。稻盛和夫也非一个理论家，他的所有经营思路都是观察、思考和操作的成果，更是植根于日本独特的民族心理和文化背景之上。

管理模式的诞生是为了解决问题，阿米巴经营模式的最大优势在于，通过缩小编制让管理的力度变小，相应地，组织的整体就得到了扩大。诚然，缩小编制会增加分工协调的难度，所以要求每个小组都具有独立生存和应对外界刺激的能力，复刻经营者的思维。

一群人聚在一起毕竟不是一个完整的生命体，即便每一个成员都非常优秀，那么如何让他们心甘情愿地听命于他人呢？这就要培养员工的社会性，用德行去服人而非用利益去约束人，更不能辅以恐吓、专制等手段，这才是实现阿米巴经营的关键点。归根结底，阿米巴经营让稻盛和夫变身为原始的经营者，也就是不轻易受制于约定俗成的行业标准，用朴素的、源于自我的理念去指导经营，不会认为"别人该做什么我就去做什么"。因为盲目地效仿他人，注定只能成为行业第二，只有释放出员工的个性，才能让他们凭借自身的优势成为佼佼者。归根结底，只有超然于行业标准，才可能变为新标准的制定者。

阿米巴经营的本质是什么？一个全标准和全数据化的管理体系，在产品管理上以精确的数据为基准，依靠数理统计的方法来提高产品质量，推动产品创新。在分权管理上，它通过量化分责、分权的方式让参与者提高主动性，黏合与企业的利益关系。所以从数据量化的角度看，阿米巴管理是一种精益化管理，需要企业的管理者有高度的责任心，需要员工有足够的敬业心。

每个阿米巴都对经济效益负责，并非只为了执行高层安排的任务，通过降压将经济效益不断释放到各个组织当中，有利于培养具有经营意识的人才，经过一段时间的发展之后各个阿米巴能够形成独立的工作部门，甚至可以演变为新的事业组织体系。一旦达到自动化程度，企业的管理者只要负责好协调工作就能解决大部分问题。阿米巴的诞生宣告了传统的行政组织架构遭受到了挑战。

稻盛和夫认为，拼命地工作能够磨炼灵魂，工作不是为了牟利，也不是局限在生存层面，而是在精神层面，能够理解这一观点的人，才具备实现阿米巴经营模式的思想准备。在很多无神论者看来，谈及灵魂就是一个虚无、空泛的概念，事实上稻盛和夫所说的灵魂更多地指向我们的心智。心指心性，而智则指向了我们在磨炼中获得的感悟和启示，这些可以直接应用在企业经营上。

稻盛和夫追求的精神境界是宗教化的产物，也就是首先要确立信仰，否则阿米巴就成了空无一物的青瓷器皿。信奉阿米巴的人必须要有信仰，不是信仰厚黑学，也不是信仰成功学，而是要信仰精神之力，听从内心的声音。

灵活机变是阿米巴的天然节奏

— —

在市场瞬息万变之时，企业如果不能快速响应，损失的不仅仅是利润，还可能葬送发展前景，这就需要建立以市场为目标的快速联动反应机制。这个机制以满足客户的需求为终极目标，将企业的资源、产品、资本等因素有机地结合在一起，让生产、采购、销售等几个环节充分互动起来，形成有利于业绩增收的内循环机制。

阿米巴经营最大的特点就是它的机动性，因为"自由主义"是它的核心，它能够根据市场的变化随时进行调整。每个阿米巴都是一个核算单位，虽然个体较小，但拥有明确的市场目标，一旦有外界因素阻碍这个目标实现，就要利用自主权作出快速的应对策略，其优势主要体现在四个方面。

第一，以静制动。

从组织结构上看，阿米巴是一个静态组织，动态是相对的，正是这种静态构成了阿米巴的强劲反馈力。通常阿米巴的一个组织要稳定下来，需要至少一年的时间，它要不断提高成员之间的协调和沟通能力，一旦这个过程顺利落位，个体和个体之间的联动性就会大大增强。

第二，灵活应变。

很多企业的兴衰交替，正是由于遭到了激烈的市场环境变化，它们或者一夜崛起，或者一蹶不振，导致这一系列结果的往往是客观因素，让企业的管理者难以作出预判。阿米巴经营模式能够克服这种弱点，在现有的小组织架构的基础上尽快地优化组织，对企业的长远发展战略和组织的战术制定进行调整，从而作出符合新动向的市场计划。采用了阿米巴经营模式之后，竞争对手造成的威胁也会进一步下降，因为阿米巴能够先人一步作出变化，让对手猝不及防。

第三，以人为本。

每个阿米巴的巴长相当于一个管理核心，他们往往是精英中的精英。他们了解市场，了解用户，更了解团队成员，所以他们的决策失误率很低，能够最大限度地利用团队成员的智慧，帮助阿米巴完成最终目标。相对地，当每一个成员都变身为行动的主角时，他们的参与感会更强，执行效率也会更高。而且，企业中不同的阿米巴还会互相复制成功的经验，产生"一优俱优"的效果，快速提高企业内部的抗风险能力。

第四，分工明确。

从表面上看，阿米巴需要多个组织互相配合，看似层级复杂，其实这是从核算层面来设定的，因为每一个体系都专注于一门功课，所以他们的岗位能力会更精湛，也能够在时间紧迫的前提下高速开动起来。而且，阿米巴的一些组织是虚拟架构，它们以服务阿米巴为目标，形成了鲜明的主次关系，所以在应对问题时会快速权衡利弊，找准最适合自己的应对之道。

阿米巴经营是一种以市场为准绳的快速反应组织，连接了供需、生产、内部协作、战略制定等几个重要环节。供需环节包括生产和销售的联动，供应和销售的联动等内容，是为了满足市场的供应量而存在的必要保障。生产环节包含了每个不同的工序之间的关系，确保无缝对接和无滞后对接，让每一次交互行为在短时间内完成，从而制造出满足用户需求的产品。内部协调环节是当生产和销售发生矛盾时，各个阿米巴之间能够抛开个体利益而兼顾企业最高利益制定出折中方案，保证企业内部和外部的正常工作秩序。战略制定主要针对企业的决策层，让他们及时沟通思想，达成一致的目标，对各级阿米巴进行正确的指导。

总的来说，阿米巴经营的快速反应是为了让企业内部构建一种动态的平衡关系，让每个环节之间的联动性在发展中保持相对静止，也就是说阿米巴之间不能相互脱节，要实现最优处理，要及时跟上市场变化的速度。因为在市场经济的大背景下，市场的需求就是企业的生产任务，不能准确快速地捕捉到相关信息，企业的发展就会严重滞后，就会被竞争对手反超。

稻盛和夫说："人的命运不是像铺设的铁轨一样被事先定下来的，而是可根据自己的意念能好能坏。"这句话正凸显了阿米巴的优越性——能够随时调整变化，改变企业的机运。在稻盛和夫看来，人生存在着多种可能，无论是幸运还是不幸都在所难免，人唯一要保持的就是活下去的心态，因为总有一天会遇到转机。其实，做企业何尝不是如此？成败总是在所难免，与其怨天尤人，不如做好心理准备去迎接突来的变故。

稻盛和夫从创建京瓷开始，就让员工接受其他企业认为无法完成的订单，这并非因为京瓷有过人的技艺，而是因为正面迎接挑战是生存的必备技能。将不可能看成可能，这就是阿米巴经营模式创建的认知动力，高度的自由化和自主权，就是为了敦促企业从内向外发生质变，这样才能满足客户不断增长和变化的需求。正如稻盛和夫认为的：人的能力不是一成不变的，应该用"将来进行式"去估量自己。

阿米巴是一个富有战斗力的组织架构，京瓷创立之初就开展订单生产，也就是从客户手中获得订单生产产品的方式，所以它能够充分运用有限的人力资源和设备资源，形成高效的生产机制。有一次，一个部门负责人找到稻盛和夫，对他说想要从下一年度改变组织。稻盛和夫说，既然发现组织有问题，为何要将改革工作拖到下一年度呢？应该从下个月开始就着手处理。

在传统的行政组织架构中，企业如果遭遇外部环境的变化，其抗风险能力往往不足以抵御，因为高层管理者习惯于处理日常生产经营工作，没有精力去考虑长远战略，而且各部门之间的横向联系较弱，不易形成较高的联动性，一旦政策调整企业会投入高额的管理成本。相比之下，阿米巴规模较小且灵活多变，所以并不用担心政策的调整会影响到下阶段的工作计划。因此对中小型企业来说，引入阿米巴经营模式会适应更快，也能和企业自有的体制贴合度更高。

在稻盛和夫看来，企业身处的市场环境瞬息万变，一个组织如果不能根据市场的变化作出灵活的调整就不具备基本的生存能力，而这种机变性正是源自一种危机感。阿米巴经营的一个显著特点是：企业发现巴长的某个想法是正确的，就要马上对这一决策作出快速反应，不得拖延。

有人认为这种朝令夕改会破坏企业决策层的权威性，还会有损正常运营秩序。客观地讲，这种负面影响也是存在的，但是和不能适应市场的后果相比，这个损失是必须要付出的。事实上，阿米巴的规模小，可以让朝令夕改的损害降到最低，尽可能减少企业的试错成本，而换取的机动性却关乎未来，用必要的损失去换取是值得的。

对阿米巴而言，组织本身是不能僵化的，一旦僵化就无法适应市场，所以稻盛和夫对京瓷进行了大刀阔斧的改革：从现场办公的快速反应到事业部的整合与独立，都是为了不断适应市场的风吹草动。为了让各负责人了解团队的情况，稻盛和夫还要求京瓷每个月更新员工的组织姓名表，这能帮助负责人了解手下和他们的工作状态。

从某种程度上看，阿米巴经营就是为了抵抗可能恶化的市场环境而存在的。如果在经营中遇到困难，每一个阿米巴成员都会用信仰为自己坚定攻克难关的决心，用执着的信念去保持组织的一种持久力。

正如稻盛和夫所说："在认为已经不行了的时候，才是工作的开始。"现在，他的这一思想已经在京瓷内部形成强大的精神动力，让每一个员工都养成了坚强的意志和决绝的态度，无论遇到何种阻力都敢于正面迎击，而这个过程也完善了组织的结构性和功能性。

阿米巴为何能牢固地稳住人心？这是因为每个成员都无惧危险，他们担心的不是遭遇变化，而是自己在变化来临时无法作出调整，这对企业来说才是最可怕的威胁。因此，稻盛和夫用"终点就是起点"来鼓励员工"困则思变"。

能落地的想法才叫理念

— —

产生一个好想法很容易，将想法变为现实就需要在实践中不断摸索和修正，更重要的是，即便遇到挫折也不要动摇初心。

稻盛和夫从鹿儿岛大学工学部毕业后，进入松风工业公司，该公司当时已经实现了商业化。然而稻盛和夫因为产品研发问题和上司产生了分歧，于是决定辞职，并和 7 个人创办了京瓷。当时，稻盛和夫对经营一窍不通，不知道从何处下手，最后想到了以经营人心作为切入点。在他看来，人心虽然是善变的，然而一旦团结在一处就是世界上最不可攻破的，想要成就伟大的事业必须要有人心的支持。

稻盛和夫认为，人体是由几十万亿个细胞组成的，这些细胞虽然数量庞大，却能够在统一意志的支配下齐心协力，同样，一个企业只要有一个明确的目标和指导思想，就会让众多的员工团结到一起，发挥各自的能力，经营好企业这个整体。

在京瓷成立的第二年，公司招聘了10名高中学历的职员。稻盛和夫告诉他们，他自己不知道京瓷能发展到什么程度，但是他想要从现在开始努力将京瓷办好。这些年轻人接受了京瓷作为初创企业的现实，工作的态度也还比较端正。然而工作一年之后，他们竟然通过写血书的方式要求稻盛和夫为他们改善待遇，甚至提出了无论怎样，将来的加薪和奖金不得低于多少这样的硬性标准。这让稻盛和夫十分惊讶，他明确地回绝："不能接受你们的条件。"此时京瓷刚成立三年，稻盛和夫不会为了挽留员工就满足他们苛刻的条件，因为京瓷有没有未来还无法确定。结果，几个年轻人仍然不妥协，在他们看来，稻盛和夫是站在资本家的角度蒙骗他们，最后稻盛和夫对他们说："你们有勇气离开公司，为什么没有勇气相信我呢？我用我的生命作赌注，为了大家我会去维护好这个公司。如果我是为了自己的私心杂念而经营公司，你们可以砍死我。"

为什么这10名员工在技术熟练之后会对公司提出苛刻的要求？恐怕这要追溯到当时日本的社会现状：劳资关系比较紧张，纠纷不断。造成这种现象的根本原因在于员工和老板的对立，老板为了提防员工，故意隐瞒企业的经营状况，从而加剧了员工和老板的对立。

经过一番艰苦的谈判，10名年轻人终于被说服了，而稻盛和夫也从这个事件中进一步认识到了"经营人心"的重要性。稻盛和夫意识到，自己创办京瓷是源于技术员的理想，而后续进来的员工将他们的一生托付给企业，要为生存而战，管理者必须为他们谋取福利，这才是符合长远之道的经营理念。

让员工把企业当成自己的公司，他们才不会怀疑老板是资本家、是站在自己的对立面上的。只有以经营者的角度去看问题，他们才会理解公司的难处，不会提出无理的要求。另外，稻盛和夫也发现，只有让老板和员工摆脱传统的雇用关系，为了同一个目标去奋斗，才能让员工产生安全感和团队感，他们才会和老板建立亲密关系。

阿米巴经营要让每个员工都凝聚起来，要培养他们的参与意识和主人翁意识，才能弱化他们和企业高层的天然对立态度。

在逐渐完成商业化之后，京瓷的员工从最初的 28 名增长到了几百名，稻盛和夫可谓亲力亲为，无论是生产还是销售他都全部参与，这让他精疲力竭。随后，稻盛和夫意识到中小企业规模扩大之后，必须对管理模式进行调整。然而稻盛和夫缺乏相关的知识，因此他只能在实操中去探索一条新路。

如何管理越来越庞大的组织，是很多企业都要面对的问题，稻盛和夫逐渐发现，他自己最多可以管理 100 名员工，那为何不将公司拆分为若干个小组织呢？这样一来，有的负责人即便能力不强，管理十几个甚至几十个人，也完全可以胜任，这就能让稻盛和夫从繁重琐碎的日常工作中解脱出来。这些"小组织"也就是后来的阿米巴。

这是稻盛和夫在实操中悟出的第一个创意，紧接着他又发现一个问题：如果将公司拆分出若干个不同的小组织，那么他们的财务状况该如何计算呢？如果还是从公司的层面进行统计，显然不适应这种小组织的灵活性和多样性，不如将每一个单位都看成独立的核算个体，这样更便于管理。

在想法成形之后，稻盛和夫着手寻找适合这些小组织的核算方式，经过对比和筛选，他放弃了专业的结算表方式，制作出了人人都能看懂的单位时间核算表。这个表格能够反映每个小组织的经营原则，能够对销售额和经费进行科学的计算，并且在审查时清晰明确，不会对日常管理工作造成障碍。更重要的是，这个自制的核算表能够让每个小组织的领导方便进行现场核算，也能够在发布命令时让员工易于理解。归根结底，这个核算表让负责人和员工最大限度地参与到业务中，能够培养并强化他们的经营意识。

为了避免企业和员工之间的固有矛盾，稻盛和夫通过核算体制让公司的运营透明化和公开化，缓解了员工和老板之间的对立关系，也让他们产生了为自己工作的积极态度。稻盛和夫之所以能参悟到这些，并非是他掌握了相关的知识和观念，而是严酷的现实让他意识到：为了避免重蹈其他企业的覆辙，他必须走出"颠覆"的一步，不仅要颠覆自己的陈旧观念，更要帮助整个日本社会改变陈旧的观念，在实操中检验和完善理念，这才诞生了阿米巴经营模式的雏形。

阿米巴的成功与其自身构建的文化系统密不可分，当文化体系落地后，就要考虑如何让全员真正积极地参与进来。由于阿米巴是以客户为导向的，所以阿米巴的战略目标就是客户至上原则，一切工作都要围绕客户的感受，这要经过以下三个步骤完成。

第一步，组建阿米巴运行委员会。它的职能是负责推进和协调阿米巴经营之外的工作，比如和客户的对接、成立多少个阿米巴以及怎样选择领导者，还有一些有关日常工作的具体安排。其中最重要的一个分支任务，就是赋予阿米巴负责人相应的权力，比如人事上有何种权力、财务上有何种权力等，这些都关乎阿米巴模块是否能够流畅运行。

第二步，确定各个阿米巴之间的对接模式。因为企业的生产流程复杂多变，如何让各个模块之间保持良好的互动决定着阿米巴的工作效率，所以为了明确分工必须事先规定好由谁来负责哪一类工作，避免责权不清和矛盾纠纷。

第三步，按部就班地启动经营机制。在理顺了阿米巴之间的基本关系之后，要让全员参与进来，学习阿米巴的组织模式，让整个架构的运转被全体人员了解，然后在成功率较高的部门中推进阿米巴经营模式，如果没有发现严重的问题，就要在其他部门继续推行。

　　1963 年，稻盛和夫与青山正道联合推出了"单位时间核算制度"，1965 年京瓷正式导入阿米巴经营模式，单位时间核算制度作为衡量经营状况的核心指标成为阿米巴经营体系的一部分。阿米巴经营的单位时间核算价值公式可以从三个方向理解：第一，总附加价值 = 总收入 – 人工费以外的总费用；第二，每小时贡献价值 = 总附加价值 / 总劳动时间；第三，小组劳动贡献 = 每小时附加价值 / 小时工资。

　　阿米巴经营看重的不是成本控制而是生产量和附加值，也就是用最低的投入获得最高的收益，完成这个终极目标的是整个团队，衡量每个团队价值大小的就是他们所创造的附加值。在单位时间核算制度公式的衡量下，企业的各部门和各组织的经营状况可以变得透明。

　　通常，企业越大，员工对自我的存在感、认知度会越低，即便是精英分子也会认为自己不过是一部复杂的机器中的一颗螺丝钉。这种认知限定虽然可以避免员工因自视甚高变得膨胀，但是也会削弱他们的工作热情，因此，稻盛和夫用单位时间附加值去激励员工，给他们增加工作的动力。

　　从这个角度看，阿米巴经营是为了让全体员工共同参与进来，不仅是为了提高薪资待遇，更重要的是强化个人存在感和价值感，达到自我实现的最高层次需求。为了践行这个目标，阿米巴的每个员工都要了解自己所在的组织的目标并为实现目标而奋斗。所以，京瓷每个月都会公布每个阿米巴小组的单位时间附加值，让不同的小组体现出能力差，但不会直接通过薪资待遇去体现，对那些表现良好的阿米巴仅仅通过口头奖励和颁发纪念品来激励，对那些经营业绩不佳的阿米巴会追究责任，通过分析附加值去考察经营内容。

有人或许不解其意：为什么对表现好的阿米巴不予以物质奖励呢？事实上，单位时间附加值高这个标准要理性看待，比如有的附加值高的阿米巴巴长会得到差评，因为有的人为了谋求自己的利益出卖了组织的利益，但也不妨碍附加价值提高，这样的人是不能给予奖励的。而且，不进行物质奖励的关键在于，片面追求附加值往往会让员工分散精力，使其为了业绩考核而工作，会造成各个阿米巴之间的恶性竞争。

阿米巴经营是基于现场的管理会计体系，它的成功之处不在于它的制度和体系，而是思想内核，这是经营之道，而非经营之术。为此，稻盛和夫也多次强调，阿米巴不是经营诀窍，如果只是模仿阿米巴的做法未必会获得很好的效果。如果只强调单位时间附加值，很可能会伤害员工的工作积极性，因为员工在思想上已经认可了阿米巴经营模式，他们的利益并不只是通过奖励来体现，而且阿米巴之间不是你死我活的竞争关系，它只是一种相互激励的内部比拼模式，如果不能让参与者摆正心态，盲目学习其中一点就可能带来问题。理念和实操不是简单的复制关系，它需要将一个想法转化为行动，而非照着想法去模仿，因此转化能力的高低决定着实操效果。

高效的体制让企业永葆青春

— —

企业由若干个组织构建而成，每一个组织单位都相当于一个人体器官，决定着企业能否正常运行，但是它又和人体构造不同。企业的组织结构是人为设定的，每个企业都不尽相同，有精简的组织也有臃肿的组织，有高效的组织也有低能的组织。归根结底，这和企业管理者的意识、经验、能力等因素有关。

很难想象，一个构成复杂、运转效率低下的组织能够帮助企业获得利润，因此一个分工明确、设计合理的组织结构十分有必要。稻盛和夫认为，做好这项工作的前提是弄清企业都需要哪些职能，然后再去考虑如何发挥职能的高效率，他的这一思想也正是构建阿米巴的重要原则。

京瓷在创立之初没有人事部、财务部，这是因为京瓷本身属于制造业，只有将宝贵的人力资源集中起来才能确保公司的运转，所以稻盛和夫将其他各类事务性工作统统放入一个管理部门。随着京瓷的发展，稻盛和夫认为，一个制造型企业应当至少具备四个管理职能：研发、制造、销售和管理。但是仅仅从职能上区分是不够的，还要让公司的员工明确自己的职责，强化自身的使命感。

阿米巴一定要具备公司整体职能中的一部分，需要依靠各自的独立核算去开展业务，它要满足三个条件才能进行细分：首先，每个阿米巴都是独立的核算单位，能够准确掌握阿米巴的收支状况；其次，阿米巴是一个独立的业务单位，每个负责人都有时间去完善组织功能，体现它的价值；最后，每个阿米巴能够独立执行公司的方针和计划，也就是说这种细分不能影响工作效率。

举个例子，你家里有两个保姆，你让一个去扫地，另一个去擦地，看似做到了工作细分，却没有考虑到两项工作同时进行会造成冲突，不可能互不干扰地进行，因此这种分工就不具有独立性。由此看来，阿米巴经营模式不是单纯的细分工作，而是为了提高效率进行的无障碍细分。一个高效的阿米巴要满足五个条件。

第一，组织机构要具备独立核算的基本功能。

稻盛和夫在创立京瓷以后，曾经对影响公司核算的部门进行组织细化。京瓷自行生产的工业陶瓷零部件需要每个工序都精准无误，所以稻盛和夫按照工序将生产部门划分为多个由少数人组成的阿米巴并委派了负责人，也就是形成了工序甲、工序乙的结构。京瓷的业务拓展以后，产品类型增加，稻盛和夫又按照产品的种类划分阿米巴，如产品甲、产品乙的结构。后来，京瓷的企业规模扩大了，工厂面积增加了，还成立了很多新工厂，最终形成了按照工序、产品种类和工厂等划分的阿米巴，也就是说组织类型越来越多，但每一个拆分都是合理的，也能顺应京瓷的内部核算管理。

上述是从生产部门的角度看的，那么销售部门也同样如此，依照不同的销售区域、销售品种以及不同的客户进行组织细化。同理，研发部门要根据产品种类、服务对象细化，管理部门同样如此。

第二，要能够明确经营责任。

从表面上看，企业被拆分出多个阿米巴不便于管理，事实上阿米巴不是胡乱划分的，而是根据一套严格的标准拆分的，每个阿米巴的存在是为了强化责任和目标，比划分前更容易锁定责任人，在出现问题时可以避免推卸责任的情况发生。

第三，组织机构要有改变业务短板的能力。

阿米巴的存在要便于管理者了解业务状况，知道哪个产品卖得好、哪个产品卖得不好，而不能仅仅计算收入多少、亏损多少，特别是在产品种类丰富的情况下，这些信息关乎企业未来的发展方向。因此，当阿米巴成立后，每个部门都代表着一类产品的制造、销售等环节，产品的质量好坏决定着收入的高低。因为细化了分工，所以每个阿米巴都能准确地对产品进行统计，了解它们的销售状况，准确分析为何销量走高或者走低。如果没有阿米巴的存在，一个只计算销售总量的企业就不容易知道哪类产品是热销品、哪类产品拖了后腿，很难进行策略调整。

除了进行统计和分析之外，每个组织结构还可以进行明确分工，比如对客户心理熟悉的人去调研市场，让产品更符合客户的实际需求；技术过硬的人才就要努力研发出有竞争力的产品；掌握着大数据的员工要对产品投入后进行预估。所以，阿米巴的构建必须要有利于经营现状的改观，如果起到了阻碍作用，这个机制就存在着严重的缺陷。

第四，能够独立完成一道工序。

不管是多级制的阿米巴还是单级制的阿米巴，都遵循着最小的单位能够完成一道工序的准则，这样才能形成自负盈亏的概念。而这样细致的划分可以最大限度地发挥企业的整体实力，让员工在集中劳动时被压抑的积极性充分释放。

第五，组织机构以长远效益为先。

划分阿米巴的一个首要前提是，抛弃以往的行政组织架构这个概念，让每个阿米巴都对利润负责，这样看似高压的氛围反而有利于成员的快速成长，让每个阿米巴从独立部门最终发展成为全新的事业组织，而企业的决策层只需要从中进行指导，并不会消耗太多的管理成本。

曾经有一段时间，京瓷的零部件事业部分为销售和制造两个部门，而生产部门后来又划分为三个不同的产品部门，而销售部门仍然是一个统一的精密陶瓷销售组织。这样的划分造成在一些人数少的地区营业所，有些是一个销售员专门负责事业本部的一个产品，有些是一个销售员管理全部事业本部的产品，最后产生一个尴尬的结局：京瓷的几个产品事业部都派一个销售员去面见同一个客户，让客户觉得十分诧异。然而，正是这种看似不可思议的划分才是更有效率的。如果一个销售员见客户，他肯定会推销最容易销售的或者利润最高的产品——反正只要卖出了产品就能拿到提成，而不会在意哪些产品没有销路，这对销售员来说是利好，但对企业来说却是灾难，因为很可能某个部门因为利润减少而难以为继。

阿米巴的划分就是为了防止上述情况发生，所以通常情况下会使用各事业本部的专职销售员，虽然这样的划分方式会增加成本，但是稻盛和夫认为，专职销售员如果努力工作的话，以后会有获得大订单的可能，而兼职销售员只会在意更容易出手的产品，所以使用专职销售员明显利大于弊。

传统的行政组织架构是层级式的，一旦确立之后往往长时间保持不变。在这种体制下，人与人之间的关系是恒定的，基层对中层负责，中层对高层负责，每个部门都有明确的岗位职责。员工的工作具有很大的重复性和单调性，时间一长容易造成组织僵化，使员工产生厌倦心理。当然，这种组织结构责权分明，有利于统一管理。

阿米巴的组织架构严格按照独立完成一道工序并创造市场价值的原则建立，所以能够将企业变成各个独立运行的小团队，可以不受部门职能的掣肘，让企业的组织架构最大限度地细化，特别是基层的阿米巴获得了更大的发挥空间，实现物尽其用、人尽其才。

阿米巴的体制优势主要有四个方面：第一，拥有独立的产品和市场，能够自主地规划未来，能够快速地适应市场，还能帮助企业完善战略决策；第二，让高层拥有更多的时间去思考愿景战略规划，还能促进他们发挥企业管理能力特别是人才管理能力，进而间接促进企业经济效益的提高；第三，组织化的生产便于形成经济规模，能够让每个成员的才能得到充分发挥，也便于培养部门的管理人才，为企业的发展储备精英分子；第四，不同的阿米巴之间存在着竞争和比较的机会，使他们强化自我控制的能力，增强企业的活力。

阿米巴的组织结构能减少沟通成本、协调成本以及监督成本，这是传统的行政组织架构所不具备的。而且它能够促使整个组织结构达到最优，建立自下而上的结构优势，绕过中间管理层，以小团队和高协作的优势在市场竞争中占据主动权，让企业更富于创意和灵活性。

阿米巴的结构优势其实就是哲学的优势，而传统行政组织结构在实践中效果并不好，这就是过分推崇领导力而忽视哲学指导的后果。这正是阿米巴经营被人推崇的主要原因，这种看似微小的组织结构能够给予企业旺盛的生命力，能够延缓企业的衰老速度。京瓷在几十年间没有出现亏损，正是得益于这种结构的高效运行，使其犹如返老还童一般永葆青春。

九大支点，助你撬动阿米巴经营模式

— —

阿米巴如何划分，直接关系到经营模式的成败。一个企业如果想要采用阿米巴经营模式，必须在划分的过程中谨慎推进，才能真正发挥阿米巴的作用。

首先，企业要清楚划分阿米巴的目的是什么。

不同的行业、不同的规模以及不同的发展阶段，都会影响企业对阿米巴的要求。有的企业因为客户群比较稳定，不要求阿米巴对市场的嗅觉有多么灵敏；有的企业因为发展程度较高，人员众多，也不要求阿米巴在划分时单位留存太大；有的企业处于初创时期，人人都有股份，联合创始人较多，不要求过分激活员工的工作热情……鉴于情况的不同，企业在划分阿米巴时要有针对性，才能达到预期目标，而不是从几个成功案例上生搬硬套。

其次，企业要明白自己的战略意图是什么。

不论企业发展到何种阶段，都应当有一个明确的战略目标。不管这个目标如何进行调整都会影响阿米巴，所以企业要根据自身的框架体系去划分阿米巴，确保在战略转型或者升级之后不彻底打破之前的划分原则，确保员工对阿米巴的黏着度，也不影响企业内部秩序的构建。

再次，企业要让全体成员明确统一的目标和利益。

阿米巴经营模式是一种扁平化管理模式，需要员工与企业的决策层通力配合，而如果不能统一目标大家就会混淆各自扮演的角色，让各个阿米巴之间的界限变得模糊不清，从而弱化了阿米巴的优势性，不利于形成独立的战略单位。另外，目标的不统一会影响企业价值链的稳定性，让中间环节出现信息阻隔，导致阿米巴内部和外部竞争的不平衡。

最后，企业要知道如何协调阿米巴。

阿米巴作为独立的战斗团队，不论怎样用经营哲学去教导，它们之间都难免发生利益冲突，这是组织变化之后的必然结果，也是经营人心的难点所在。为了达成这个目标，不能强化物质激励，也不能只采用精神鼓励，而是要将这两种手段结合运用，才能让员工和员工之间、阿米巴和阿米巴之间互通有无，在关键时刻形成优秀的联动关系。

为了稳妥起见，划分阿米巴可以选择不同的切入点，这样才能确保打好基础而避免为后期管理埋下隐患。

第一，从当前的组织结构入手。

这是一种比较常见的方法，从现存的几个部门进行划分，对原有的组织结构不进行颠覆性的破坏，让相对熟悉的人员继续共事，有利于员工在新的工作环境下保持原有效率，也能让巴长便于管理。

第二，从远期的战略入手。

这种划分比较抽象一些，它不是直观地根据事业部进行拆分，而是根据企业自身的定位和战略布局来划分，很可能将生产部门和销售部门的部分人员放在一起，也可能将负责技术和客户服务的人员放在一起。这种划分方式对原有的内部秩序破坏度较高，所以在短时间内可能需要适应与磨合。但从企业和市场环境的关系来看，这种划分方式能够打好提前量，避免在行业出现拐点时被竞争对手"超车"，也有利于决策层对业绩进行评估。因为一个阿米巴代表着一个战略分支，分支出现了问题便于追根溯源，将问题扼杀在摇篮里。

第三，从产品入手。

这种划分方式是以企业生产的产品为基础，围绕着某个产品的生产活动划分阿米巴，然后再从阿米巴内部细化职能部门。这样的划分方式有利于一些职能部门的整合，避免拆分得过于零散而重新组织，有利于实现资源共享，能够使各个阿米巴之间的协调性达到最佳，让员工的个人技术和经验得到最大限度的发挥，直接提高企业的经济效益，也便于决策层对阿米巴的业绩进行评估。当然，这种划分方式也会让权力过于集中，对其他职能部门提供的资源无法充分利用，如果产品种类繁多会导致产品型阿米巴的总量庞大，集中管理的难度增加。

第四，从人力资源现状入手。

这种划分方式抛开了战略布局的要求，而是基于企业人才储备的现状划分的。如果技术人员较多，可以从技术类别的角度拆分成不同的阿米巴模块，比如软件技术、硬件技术等；如果销售精英较多，可以从销售的角度给阿米巴确定属性，比如海外销售、国内销售、特定区域销售等。这样划分能够扬长避短，充分考虑到企业在某方面的竞争优势，进而将这种优势转移给阿米巴和组织成员，有利于企业参与市场竞争。

第五，从客户的角度入手。

这种划分方式一般和企业的销售部门有关，通常都是由巴长负责联系主要客户。巴长可以根据自身的经验和知识区别哪些客户是最有价值的，哪些客户是最有挖掘潜力的，从而有针对性地对目标客户进行产品定制和服务定制，能够让客户的满意度达到最大，也能够制定出丰富多样的客户维系策略。

第六，从产出利润的能力入手。

这种划分方式要弄清企业整个生产链条上的每个环节的存在价值，比如产品的前期设计是否是核心竞争力、产品的推广是否是企业的优势、用户的维系成本在行业内的排名占据多少等。按照这个价值的排列重新编排一整套工作流程，依照这个流程拆分阿米巴，就能够从企业价值链的角度进行合理划分，不会厚此薄彼，还能发挥优势、回避短板。

第七，从区域入手。

这种划分方法主要是针对规模较大且存在跨地域经营的企业，也是一种相对普及的方式。划分的原则是将某个地区或者区域内的业务集中起来，成立一个区域阿米巴，然后寻找一位经理进行管理。需要注意的是，这种划分方式对企业的职能部门有着较高的要求，要具备采购、财务等部门，从而对不同区域提供针对性的服务。这样划分的优势是根据地区的差异化去敲定全新的产品定位和销售策略，能够降低物流成本，便于内部进行协调，在和客户沟通时比较方便。但是随着企业涉足区域的增加，这种划分方式对区域经理的要求越来越高，只有具备全面才能的人才有掌控能力，同时受制于空间限制，决策层对各个区域的阿米巴有时难免鞭长莫及。

第八，从品牌入手。

这种划分方式适用于产品群丰富的企业，它的优势在于能够让企业将宝贵的资源使用在品牌塑造上，从而让每个品牌都发挥最大的价值，产生品牌溢价。这种划分方式对部门负责人要求并不是很高，但是如果协调机制构建得不好或者沟通渠道存在障碍的话，会造成各个子品牌之间的孤立或者重叠，不利于抓取目标客户。

第九，从行政功能入手。

这种划分方式还是沿用了传统行政组织结构的方式，将一些核心业务之外的工作单独罗列出来，让企业集中注意力做好核心项目，而对服务型的、功能型的部门进行拆分，保障主营业务的开展。这样划分的优势在于，让部门的专业化程度更高，便于它们发挥各自的职能，避免机构的冗余和重叠。但是这种划分方式对于那些产品种类丰富的企业不适用，对于内部沟通机制不健全的企业也不适用，因为需要很多协调工作。当市场环境发生变化时，这种结构的阿米巴反应速度相对迟缓，会让决策层不得不抽出大量精力负责协调。

无论是哪种划分形式，都有各自的优势和短板，所以企业应当在全面推进阿米巴经营之前认清现状，努力找寻到最适用的划分方法。当然，这既需要企业的决策层有高瞻远瞩的能力，也需要执行层全心全意的配合，只有全员的思想意识和战略目标一致，才能将阿米巴经营模式的优势最大限度地发挥出来。

要灵活也要原则

—— ——

细化阿米巴是一门学问，也是阿米巴经营的初始部分，如果这个部分出现了问题，可能导致全盘皆输。有一个问题不能被忽视，那就是当企业进行战略调整之后，组织框架也要随之调整，这会影响阿米巴的划分。企业如果想要延长生命周期，就要以高效、科学的组织架构作为支撑，才能体现阿米巴的价值。

构建阿米巴经营模式是为了分工细化、责任细化以及财务细化，这是其建立的基本原则，但这并非是一成不变的，它有着一定的灵活性。比如，组织并非越细化越好。稻盛和夫创建阿米巴的初衷是将复杂的企业组织架构化整为零，增强企业适应市场的能力，提高员工的参与感和责任心，这些才是阿米巴经营模式运转下去的根本。

划分阿米巴要具有战略规划性质，不是为了企业当前的生存任务进行划分，而是为了长远的未来划分，要能够紧跟企业发展的速度和节奏。在确定这个大原则之后，就要在划分时合理地规划好每一个步骤，让阿米巴的划分符合企业的价值链、人力资源现状等要求，要针对企业自身的品牌定位、目标人群以及行政职能等维度划分，而且要对划分出来的阿米巴进行归类，比如分成资本型、成本型或者预算型等。

阿米巴的灵活性构建主要体现在两个方面。

一方面，最小的组织要能够有独立的业务。

当一个组织被无限细化之后，最小的单位可以是个人。一个人如果能够独立完成一个业务，当然可以作为最小的阿米巴单位。这与"小组织"的概念并不违背，这就是灵活性，但是要遵守一个前提，那就是能够完成独立业务。

另一方面，能够成为单独的数据统计部门。

这个原则既有强制性又有灵活性，强制性体现在"单独的数据统计"，也就是说能够独立收集并分析相关的数据信息，比如收入和支出以及预算等，这样才能衡量这个组织的经营状况。灵活性体现在没有硬性要求是几个人，如果一个人的日常工作可以单独核算也符合拆分条件。

除了上述两个方面之外，还有一个核心前提是，构建阿米巴经营模式要围绕企业的目标和战略进行，这是一个不能妥协的内容。不管一个组织有多么豪华的阵容，只要它的存在阻碍了企业的发展大计，它就不能成为一个分离出来的阿米巴，因为这说明该组织的利益和企业的最高利益相背离。

阿米巴建立之后，并不是万事大吉了，因为它的自身特点是要随着市场的变化方向进行调整，用高度的灵活性去对抗市场环境的不确定性。这时候不能盲目抓着原则不放，而是要灵活地调整相关政策，以便适应市场和竞争对手的变化。

在阿米巴创建之初，有些组织面临着亏损、业绩下滑等状况，不过在成员们的共同努力之下，最终克服了这些问题。这依靠的并不是稻盛和夫事先写好的"剧本"，而是具有针对性的思路和策略的调整。比如在核算方面，不同的部门受制于职能差别有不一样的指标，必须在了解细节的前提下才能进行合理的改革。举个例子，京瓷的一个事业部的生产部门，每个月拿到订单的数量都不稳定，上下浮动较大，后来发现这就是没有将核算单位细化造成的，忽略了部门内的阿米巴的差异性，用普遍性去操作特殊性，看似严格执行了公司的某些原则，但实际上给公司造成了损失。

准确地讲，"时刻调整"就是阿米巴天然具备的节奏感。稻盛和夫从不盲目地和竞争对手进行横向比较，而是喜欢和自己进行纵向比较，只有这样才能促进组织成长。

京瓷的生产部门是最早被划分为阿米巴的部门，它在整个企业的运营流程中属于原料部门，是典型的按照工序划分的阿米巴。当时，稻盛和夫发现有厂家做好了原料调配，正是京瓷所需要的陶瓷，如果京瓷直接从他们手中购买并出售给下一道工序的阿米巴，效率会更高，而且下一道工序也可以委托一些加工厂去做，然后再出售给下一道工序。如此细致的划分，当然要求每个阿米巴是独立的。

但是，这种独立不是硬性规定，只是一个方向或者一个概念。稻盛和夫后来意识到，一个相对庞大的组织只有细化才能增强市场生存力，但同时也会产生相应的资源浪费，因为内部的组织很多，每次新生成一个环节就会有一个环节的差价，如果不能明确阿米巴之间的收支状况，反而会拉高原有的生产成本，反而不如创立阿米巴之前。所以，稻盛和夫不会死板地要求拆分，而是灵活地考察每个组织，确定组织成员和负责人能够在新体制下感受到工作的价值并增强责任感，如果达不到这个标准就违背了阿米巴创立的基础与内核。

阿米巴灵活划分的核心是为企业的最高利益服务，正如人们所知，阿米巴有定价议价的权利，这是其自身特点，但并非完全不受限制。定价不能完全站在自己部门的角度，也要为其他组织考虑。比如，某个产品被客户压价，为了销量不减少只好降低售价，那么该产品生产工序上的阿米巴势必会受到影响，这时各个阿米巴不能各自为战，要有人愿意主动分担一部分风险，而这个是不可能写进公司章程的，只能依靠大家自觉而不能强制，这就是灵活性。但是，这个灵活性是双向的，并非只是阿米巴为了企业着想而灵活，企业同样也要灵活地为阿米巴考虑，比如某个工序的阿米巴为了降价损害了自己的利益，导致整个部门出现严重的亏损，进而影响其他组织，那么这种"灵活"就是应当被摒弃的，因为它违背了基本的底线——要保证产品有利可图。

原则性和灵活性永远是统一互补的关系，而不是对立的关系。因为所有的阿米巴都要围绕同一个经营理念运作，也都是最高利益之下的分享者和分担者。每个人必须拥有明确的立场，同时也能见机行事地调整这些原则，从而让个体和整体的利益都实现最大化，损失接近最小化。这种良性的互动状态才能让阿米巴经营延续下去，否则，阿米巴只能变成阻挡企业发展的障碍。

灵活划分是一种巧妙的工作方法，但不能丢掉一个核心内容——责任。无论阿米巴怎样划分都要确保责任落实到人，不能出现问题却找不到担责者，这就违背了阿米巴划分的基本原则。通过阿米巴经营，我们不难发现，稻盛和夫始终用一种哲学思辨的精神去经营它，既不让它过分自由，也不让它过于呆板，而是让它始终保持在一个兼容并包、形态多样的框架内，这样就让组织保持了鲜活性和指向性，能够抵御来自外部市场的各种冲击。

组织的灵魂——阿米巴巴长

— —

稻盛和夫说，10名员工中肯定有一名就是经营者。

阿米巴经营模式的核心目的是什么？培养人才。

京瓷有一个很有趣的现象：很多阿米巴里，二十多岁的年轻人领导着一群四十多岁的人。这在其他企业几乎很难见到，因为稻盛和夫认为，只要具备领导能力就可以成为阿米巴的领导者，不论资历和年龄。

管理一个阿米巴并非易事，领导者既要鼓励员工为企业的最终目标而奋斗，还要在他们遇到挫折时挺身而出。尽管困难重重，京瓷的很多阿米巴负责人都乐在其中，他们感受到了领导一个阿米巴的重要性和挑战性，收获了不可替代的成就感。

阿米巴的巴长仅仅能掌管整个团队是不够的，还要有识别人才的能力，要找出比自己更优秀的管理人才，这不仅需要眼力，也需要一种胸襟。因此，稻盛和夫对管理者的要求不是单纯为企业带来利润，更要具备培养员工的正确思维方式。因为每一个负责人都有退出的那一天，如果不能在自己离开组织前选出合适的接班人，那么他就不是一个合格的阿米巴巴长。

京瓷对管理者的要求是，哪怕仅仅是一个阿米巴巴长，也要具有社长的思维方式。京瓷目前大约有一千个阿米巴，每个阿米巴巴长都具备超出了岗位要求的领导水平，正是这种高标准、严要求的人才培养方式，才让京瓷成为全球顶级的企业之一。对巴长来说，掌控着相对自主的权力不是最终目的，而是要将这一权力当成完成任务、发掘人才的工具，这样才能与阿米巴经营的宗旨相契合。

稻盛和夫认为，没有哪个管理者是天生的管理人才，无论是内部选拔还是外部引进，都要经过在实践中的二次培训才有资格上岗。所以一定要在日常经营工作中为后备人才积累经验，同时还要为他们展现个人才华提供理想的环境，从而给予员工更多的自由，让他们自由地成长。

那么，阿米巴经营的核心人物是谁呢？显然不是企业的决策层，因为他们已经远离了基层，当然也不会是普通员工，毕竟他们还没有通观全局的能力，所以只能是阿米巴的巴长，他们起到了上下联动的作用，这主要体现在四个方面。

第一，巴长是权力的合法使用者。

巴长需要充分激活组织内每一个成员的工作积极性，因为他们直接和每个成员对接，了解他们的个性和能力，能够从最合适的角度激发他们的工作热情，这是决策层办不到的。因此，企业要以巴长作为每个阿米巴的动力枢纽，让他们自主地制订计划，从战略上指导员工工作，同时用目标考核的方式去督促他们完成任务，构建良性的管理体制。

第二，巴长是利润中心的代言者。

巴长不仅要驱动本部门去完成业绩目标，还要和其他部门配合，让企业从生产到销售的各个环节都得到强化和提升。对巴长来说，他们要比别人更关注成本控制，这样才能确保组织自身利益不受到损害，获得利润的最大化。由于阿米巴也有分级别而存在的，所以每个层级的巴长都要对上一级负责，要能够清晰地划分任务，合理传递压力，实现将组织的活跃度增强。

第三，巴长是企业哲学思想的传道者。

巴长要激发员工的主人翁精神，这不能单纯依靠给他们下任务和定指标，而是要用经营哲学让他们自发地行动起来，让每个人都能从社会责任感和自我价值实现的层面去完成独立核算、自负盈亏等目标。因为有些阿米巴人数并不少，仅凭巴长一人之力不可能时时对员工进行监督，需要在员工心中植入哲学思维作为核心驱动力，才能确保阿米巴在工艺改进、产品升级、原料调整等方面作出成绩，让团队的努力和团队的效益紧密联系在一起。

第四，巴长是员工的福利赐予者。

巴长驱动员工增强工作积极性，既是对企业负责也是对员工负责。在实行阿米巴经营模式之后，企业的决策层和基层员工距离变得更远，决策层无法直接了解员工的工作状态，也很难关怀他们的个人生活，这个责任就转移到了巴长身上。他们有义务为员工的个人幸福考虑，也有责任敦促他们在实现个人价值的过程中获得薪资待遇的提升，满足他们对生活幸福指数的追求。

事实证明，无论多么完美的管理制度，都不能缺少精明强干的人去执行，阿米巴经营能否顺利落地，不仅取决于决策层的高瞻远瞩和大局布控，更决定于阿米巴巴长的协作调遣。那么，巴长应当具备哪些素质呢？

第一，有激活组织成员的能力。

如果说基层员工是阿米巴经营模式的生命载体，那么巴长就是激活这些生命载体的催化酶。从这个角度看，巴长应当具备大局观念，能够指导成员为终极目标而努力，这样才能真正促进员工的成长，而不是驱动他们机械式地工作。阿米巴的经营哲学需要每个人从自身的角度发酵和传播。同时，巴长要有唯才是举的意识和能力，要给予员工成长的机会，从组织内部选择有才干的人为企业效力。

第二，做企业的经营管理监督员。

每个巴长必须擅长经营管理工作，要能够对企业存在的影响利润收益的问题查漏补缺，能够掌控本组织的工作进展和财务收支状况，从而带动阿米巴的内部效益的提升，特别是要掌握阿米巴内部定价原则并能读懂经营会计报表，这样才能从中找到盈利点和止损点，带动组织成员节约成本、提高业绩。当然，这并非要求每个巴长一定是管理大师，起码要具备对基础问题的熟练解决能力，这样才能教会员工如何发挥独立战斗单位的作用，最终助推企业最高经营目标的实现。

第三，充当员工的表率。

一个合格的巴长应当是无所畏惧的人，不论在经营中遇到何种难题，都要敢于正面迎击，要敢于为组织成员树立榜样。组织成员看到巴长在拼搏奋斗，才愿意贡献出一己之力与之配合，才能为了企业的共同利益而奋发向上。巴长不能躲在幕后只负责指挥和调遣，要走到前面，向每个人传递阿米巴精神。

想要完美推进阿米巴经营，必须用科学的竞争机制促使每一个个体的能力被激活，这对于巴长这个职位来说尤为重要。巴长是组织的灵魂，他不能单纯依靠领导推荐或者民主选举的方式担任，而是要经过严格的竞聘手段才有资格独当一面。而且，巴长的聘用机制会影响到组织成员的竞争意识，他们会居安思危，对自己的职业生涯产生危机感和紧迫感，从而不断磨砺自我。

巴长的优胜劣汰，有助于企业形成良好的人才流动机制，让每一个巴长都能胜任本部门的工作，也能让有资格替代巴长的普通员工脱颖而出。这样才能从个体到局部实现精英人群的聚合，从而全面提高整个企业的竞争意识和参与意识，推动人才培养机制的最终落地与完善。引入竞争机制就是给所有人展示才能的平台，也能为企业创造业绩带来契机。

除了采用竞聘上岗的方式之外，企业也不能忽视在内部培养人才的意识和机制。因为阿米巴经营需要个体养成对大局观的谋划和执行能力，所以从基层培养精英分子是最合理的途径。他们会从一个懵懂无知的新人转变为最了解本部门状况的人，经过严格的筛选最终形成一支由管理人才、技术人才所组成的强大团队，强化组织的竞争能力。

企业培养巴长需要注意三个问题：首先，企业要重视带头人才的培养，他们是各类人才发挥能力的枢纽，多给予他们项目磨炼自我，能够帮助他们树立起威信，让他们在实践中掌握对项目的执行能力。其次，寻找新的培养通道，有针对性地根据行业属性培养人才梯队，特别是对新材料、新技术工艺精通的人才，他们往往代表着企业未来发展的新方向，也将成为增强市场竞争力的骨干。为了让这些技术人才与企业的贴合度更高，要让有经验的老员工帮助他们快速地适应企业的工作节奏，避免人才出现断层，促进人力资源的可持续发展。最后，要学会从外部挖掘人才，从各大专业对口的高校中寻求可塑造的种子选手，对其中潜力巨大者进行重点培养，建立符合企业生态的人才培养工程，将教育成果转化为经济效益。

阿米巴经营需要有能力的巴长，规模越大的企业对阿米巴的数量和质量要求越高。因为业务范围广泛，分工更加精细，所以每个层级的巴长都要有独立的经营管理水平，他们的存在也会培养出更多合格的员工。因此培养巴长是阿米巴经营的重要人才计划，虽然这是一个较为漫长且庞大的工作，但事关企业的生死，无论遇到何种障碍都要克服，如此才能让阿米巴经营从概念走向实践，从实践走向成功，从成功走向卓越。

坐下来进行自我批判

— —

复盘，是企业日常管理工作中不可或缺的环节，它往往以会议作为载体，盘点上一阶段的工作状况，起到总结经验、交流思想以及统一认识的作用。一个不擅长复盘的企业，必定是一个成长速度缓慢的企业。

稻盛和夫说："我认为，会议并不是越多越好，但是在阿米巴的经营模式下，领导者要经常以开会的形式向员工阐释阿米巴的经营理念，告诉每一个员工该如何成为阿米巴的优秀员工，如何实现自己的价值，这是一个非常重要的做法，我不希望我的阿米巴领导人都不去重视这一途径。"

阿米巴会议要遵循八条原则。

第一，要遵循基本的宗旨。

阿米巴会议通常在月初召开，巴长在会议上对上月度的经营业绩进行分析并根据实际情况制订当月的计划，其他职能部门也要召开类似的会议，当然会根据等级的不同制定有差别的会议内容。一般都是部门负责人从利于企业经营的角度出发去安排会议流程，为了了解现场的情况还会让巴长参加会议。另外，根据实际需求，一些事业部长也要参加下级部门的某些会议。无论是什么级别的会议，宗旨都是对阶段性的动作进行反思，并对每个月的业绩进行核算，从而准确地预估下个月的工作计划，对那些在工作中暴露出来的问题也要及时商讨并解决。

第二，交流思想。

阿米巴会议是企业全员交换思想的最佳场合，从这个意义出发，参加会议的人不能太少，这样会流失一部分意见和视角，不能只为了上报意见而找几个代表列席，要尽量听取大多数人的声音，特别是企业的决策层要将自己的想法传递给参加会议的所有人员，这样才能进行更加丰富的信息反馈，也能系统地处理杂糅在一起的信息，形成有计划、有战略指标的最终意见，确保经营工作的基本秩序。据说，稻盛和夫还保持一种沟通习惯：他和所有参与决策的人围成一个圈坐下来，以便看清对方的表情，这样有利于点对点进行沟通。

第三，指导巴长。

阿米巴经营需要将相关知识和经验一代代传承下去，这就需要企业的决策层对巴长进行指导，所以每一次阿米巴会议也是考察巴长的经营思维是否进步、是否拥有完整的逻辑体系的机会。因此在开会时不会机械地探讨某一个数据对企业来说意味着什么，而是将更多的关注点放在巴长的思想动态上，从而判断他们的成长速度和成长方向，尤其是对阿米巴经营是否真的了解了。为此，每个巴长都要在会议中对如何改善自我进行讨论，他们还要对未来某个阶段的计划作出承诺，这也是京瓷一贯坚持的"言必行"策略。当然，如果这个计划设计得不合理就要及时修正。

第四，反躬自省。

阿米巴会议的核心目的是自我反省，但是这个反省不是无目的地自我批判，而是根据自己设定的目标和梦想来进行比较，比如职能部门的负责人如何看待本部门的工作、巴长如何根据经营现状设定有针对性的战略计划等。为了避免会议精神从务实走向务虚，巴长既要对未来进行展望，也要拿出真实可信的数字，比如单位时间核算表。这样才能激发员工的积极性并给予他们信心，引发组织深度的变革，让整个企业都保持良性的发展状态。另外，员工是否很好地进行了反思也是考察巴长带头反省的重要依据，同时巴长也要对当月的计划和年度计划进行阐述，为将来构思梦想。

第五，传达命令。

阿米巴会议不仅是各个巴长、部门负责人汇报思想的场合，也是决策层传达命令的现场，所以会议的目标不仅仅是完成自查，还要在决策层和管理层之间建立更多的沟通渠道，要让管理层明白决策层所表达的信息。为此，阿米巴会议通常会拿出大量的时间进行沟通，比如会议是否有必要举行以及如何进行等。因为有些部门业绩不佳不愿意参加会议，有些部门却喜欢沉浸在漫长的讨论中，通常后者的经营状况比较理想，因为他们统一了思想认识才更愿意进行交流。

第六，协助制订年度计划。

京瓷对年度计划和中期计划一般不进行特殊分析，通常是在每年12月份召开所有部门的国际经营会议，会前每个部长都要表述本部门的发展方针，然后负责人根据方针提交下一期的计划。社长会在每年12月份的国际会议上听取各个事业部门的计划但不做任何批示，而后根据自己获得的信息在次年1月份的时候宣布下一年度的经营方针。部长再根据方针修改之前的部门计划，经过一番探讨之后形成统一的意见并被社长批准，这样就制订出了全年的工作计划。

京瓷对年度计划的要求是必须要完成，这个要求并不和所谓的梦想相背离，因为只做计划而不追求结果，那么管理层和执行层都不会拿出最认真的态度去面对，也无从谈及梦想。当然，有些计划不能完全考虑到全部干扰因素，可能是市场环境发生了变化或者竞争对手的某些策略进行了调整，这就需要在月度计划上及时作出修改，在整体上追上年度计划的终极目标。

第七，商讨投资方案。

阿米巴经营要做到不能遗漏任何细节，因此会议上不能只是讨论日常管理，还要掌握好市场变化的方向，尤其是技术领域的变化。巴长要向决策层提交设备投资方案并写进年度计划或者中期计划。需要注意的是，设备提案只能由巴长根据经营需要主动申请而不能让决策层主动提出，所以巴长要及时观察市场，判断目前使用的设备是否能够满足生产需求，这样才能捕捉到最佳的商机。

除了设备投资之外，巴长也要留意本部门是否需要追加其他方面的资金注入，但是他们无权自主决定，这是阿米巴经营的一大特色。因为巴长如果具备了独立的投资权力很可能会造成资源浪费，所以任何一个阿米巴都没有投资预算，只能通过投资计划书提交申请。而这个申请工作要做到细致无误，要模拟精算，给决策层一个清晰的答案：要用单位时间证明投资的价值以及追加投资之后多长时间能盈利。

阿米巴经营经常会将投资金额转变为折旧费或者设备利息，以致在核算的时候影响收入，这就要求巴长认真对待每一次投资申请，不到万不得已不会请求企业增加开支。而且，在阿米巴的模式中，技术人员的话语权要相对弱一些，因为他们虽然懂技术却不懂市场和经营，只有巴长才有足够的判断力，因此责任要由他们来承担，技术人员的意见只能作为参考。

第八，让员工感受到经营的乐趣。

很多企业的员工没有话语权，所以即便参加等级较高的会议，也只能作为一个旁听者，更不要说提出意见了。但是在阿米巴经营模式中，巴长不仅要考虑经营问题，更要考虑员工的个人成长，所以他们要时刻关注员工的思想动态。要让他们通过阿米巴会议感受到自己是在"经营"而不是完成"任务"，让他们意识到企业的前途命运是掌握在他们手中的，因此才让他们参与到年度计划的制订工作中。这样既能提高他们的格局和视角，又能强化他们的经营意识和思考能力，从而让越来越多的执行层真正关注企业的发展，与之同呼吸、共命运。

阿米巴会议的最大特点在于，它能够从多个视角和维度复盘同一个事件，让每一个参与者都能各抒己见，帮助企业全方位地分析发展过程中存在的问题，真正做到"无死角"式的自我批判，推动阿米巴经营趋近完美。

阿米巴管理策略：释放人性潜能

Chapter 4

怎么让企业变得特立独行

——

　　当成功学被无数创业者所追捧时，很多初创企业也在学习优秀企业的管理圣经，有的企业将资本运作当成制胜法宝，有的企业将专利技术视为上升渠道，也有的企业专注于文化思想对员工的"洗脑"……虽然企业管理呈现出百花齐放的特征，却很少有企业独辟蹊径，不轻易拾人牙慧。事实上，通往成功的道路有很多，不可复制的管理模式才是最具竞争力的。

　　稻盛和夫认为，企业制胜的关键不在于掌握了多少核心技术，因为即便是再超前的技术，也会随着时间的推移变得不再先进，而你的竞争对手迟早会追赶上来，或者行业本身发生了重大变化，让企业曾经引以为傲的技术遭到时代的淘汰。从这个角度看，一个企业依靠技术获得生存空间不是长久之计，而且保持技术领先本身也不现实。企业唯一能够长期固守的优势就是经营哲学，这其中包含如何管理企业和管理人才等多方面的策略。

　　经营哲学的建立需要一点一滴的积累，不是一蹴而就的，也是其他企业不容易学习的"技术"，而且在市场竞争中，独特的经营哲学会让企业变得特立独行，更能显示出与众不同的实力。

　　稻盛和夫认为，有些企业在经济不景气的情况下也能保持着旺盛的工作欲望，就是有内在哲学理论支撑的结果。相反，那些缺乏哲学支撑的企业，只能在遇到困境时另寻出路，而不是从自身寻找原因。比如日本的电子零部件产业遇冷时，一些企业认为组装行业前景暗淡，然而稻盛和夫却不同意这种观点。他认为这个领域包罗万象，不仅是安装零部件，也包含着设计电路等其他服务，而这些恰恰和电子产业的发展趋势相吻合，所以这个产业绝不可能走向没落。

稻盛和夫之所以有如此理性的认识，不是他妄下断言，也不是源自经验主义，而是运用他的经营哲学去分析问题——从局部上升到整体，也就是从组装业上升到整个电子产业，他所看重的不是一朝一夕的利益得失，而是整个行业隐藏的附加价值，只要这个价值被开发出来就能给组装业带来光明的前景。

经营哲学要求一个企业要有大局观念，不能只把目光投射到自己从事的某个领域中，其他关联的产业也要考虑进去，如同阿米巴运营一样，只关心部门的利益是不够的，要和其他阿米巴互相配合。

当时代进入新的拐点之后，企业势必会面临严峻的考验和艰难的选择，有时候需要升级，有时候需要转型，但这些应对策略是没有人可以传授经验的，只能依靠企业对行业的了解作出判断。而决定了一个企业家高度的依据就是如何审视自我、改变自我和突破自我。

如果将稻盛和夫的这个思想运用在阿米巴经营上，我们可以发现，他给广大员工普及了一个十分质朴的真理：不盲目追求尖端技术，而是追求脚踏实地工作和对行业的敏感性。在这种思想的作用下，每个阿米巴的参与者的视野会变得更加开阔，会自动屏蔽掉一些偏狭的观念，会通过增加附加价值为组织盈利，而不会沉迷在投机取巧的小伎俩当中。只有让员工的态度端正了、平和了，他们才更容易从个体凝聚为团体，时时处处为他人着想，为企业的最高利益而奋斗。

稻盛和夫在日常的企业管理中，特别重视"以心为本"的哲学理念。每年的新员工欢迎大会上，他会拿出至少两个小时的时间教导员工变成互相信任的同志，要求大家能够和他人同甘共苦，当然最重要的是依靠自己的努力去填满自己的人生。稻盛和夫并非只将这个思想当成宣传口号，而是利用各个场合将其传递给每一个员工，以此来形成一种互相信任的牢固关系。

在稻盛和夫看来，不管是做人还是做事，要想获得好的结果，就要对事物的思考有着正确的态度，而这往往是决定事业成败的关键。作为人来说，能否获得成功的关键取决于一个人的内心，自己之喜悦的心性是"爱"，为他人着想就是"诚"，希望自己和别人都获得幸福才能达到"和谐"的状态。爱、诚、和谐，这三者合一就是"敬天爱人"的精髓。

稻盛和夫的成功经验证明，管理者必须不断提升自己的修养，对身边的人充满爱心，才能做到亲民，才能接近人生的最高境界。稻盛和夫的这一思想和中国的儒家思想和佛学都有着密切的联系，只是经过了他个人的实践之后变成了独树一帜的经营哲学。

稻盛和夫认为，工作是磨炼灵魂的道场，一个人只有首先将内心清扫干净，让自己的思想变得纯粹才能有所作为，而这一切并非是为了他人，而是为了自己。经营需要哲学是因为企业需要正确的思路才能控制自己的行为，而正确的经营哲学就能促进企业的长期繁荣，为个人和集体赢得未来。稻盛和夫创立京瓷之后，他通过常年的工作发现，只要人们真心投入工作中就能在内心形成一个意象，只要对某个目标产生渴望就能形成一个意象，工作就会拥有更强烈的热情，有如神助一般。

很多人都在思考，企业在发展的过程中遇到问题时如何找出解决方案呢？稻盛和夫认为，只要以不服输的态度在现场工作，只要认真倾听并专注理解，就能真切地听到来自产品的"私语"，就能找寻到解决办法。这种体悟看似带有宗教色彩，其实是教导人们拥有强烈的渴望，这种渴望能够化解很多阻挠企业成功的障碍，如同阿米巴一样，它来自稻盛和夫反复思考如何使员工替自己分担工作，是在对企业组织架构方面进行改革的热切愿望下促成的。

缺少"监护人"的企业无法成长

— —

阿米巴经营就组织结构来看，有着鲜明的独特性，因此传统的管理模式不适用于它。为了确保这个体系的正常运转，稻盛和夫特别在京瓷创建了"经营管理部门"，作用是维护和管理，同时帮助企业进化和发展某些基础性的思想观念，尤其是涉及日常运营的方法论等。

总的来说，经营管理部门是负责处理京瓷整体的经营数据的特殊机构，特别是在经营方向上起到重要作用。它负责收集、整理和企业相关的经营信息，相当于一个监察精密仪器的检测人员。经营管理部门的存在，从根本上支撑了阿米巴的高速运行，如果跳出组织架构的范围，这个部门也是稻盛和夫经营哲学的执行部门，有着高度的责任感和使命感，尤其是在以下五个方面发挥重要作用。

第一，精确、快速地做出响应。

经营管理部门是践行"作为人，何谓正确"的执行部门，所以有着精确的判断能力和快速的反馈能力，不能拖泥带水，更不能含混不清地处理问题，要逐条实践企业核心价值观，要有针对性地分析阿米巴日常运行所遇到的问题，提出合理化的解决方案。

第二，做企业资产的"监护人"。

企业的资金是宝贵的血脉，它决定着企业是否能良性地运作下去，也是管理机制中重要的组成部分。对于经营管理部门来说，企业资产中尚未出货、库存以及固定资产等内容都是其管理的对象，也是经营信息收集的重要一环。为了确保工作顺利展开，经营管理部门按照对应原则管理全部钱物，同时依照该原则对企业的业绩和余额进行相应管理，保证流通的双方都维持在和谐统一的状态中。另外，经营管理部门还要监督并指导企业其他部门和阿米巴的资产管理，保证公司的整体管理步调一致。

第三，作为基础设施存在。

经营管理部门负责订单生产体系和库存销售体系，而这两个部门事关企业的生死，也是位于整个生产流程两极的部门。阿米巴内部的业务体系能否正常运转、企业推出的内部章程是否合理，都要依靠经营管理部门亲自参与，这其中包含三个内容：第一，要符合京瓷的基本企业价值观，这样才能确定一条通用的、被大多数人认可的标准，才不至于在处理纠纷时发生分歧，确保京瓷的正常运转；第二，要符合京瓷的实际情况，比如怎样明确组织职能和责任等，这些要植根现实而不能脱离实际，所以经营管理部门在监督公司内部章程的制定时，要能对阿米巴的业绩进行预估，不能制定太过严格或者太过宽松的标准，与实际的生产状况相结合，将复杂的问题简单化，让大家都能对企业的现状一目了然；第三，要恪守公平持久原则，让每一条规定都能适用于全体而非针对某个阿米巴或者个人，这是为了方便日后执行时大家认可和讨论，也能强化企业内部的凝聚力，同时要保持逻辑的连贯性，不能前后矛盾，让人产生误会，这样不利于指导现实问题的解决。

第四，作为经营信息的反馈机构。

经营信息是企业领导者了解企业运营动态的重要数据，是帮助领导者及时作出准确判断的依据，如同一张描画精确的工程图纸，有一个部分缺失或者模糊，都会影响整个建筑的稳定性。所以，经营管理部门要具有呈现真实信息、准确核对关键数据等多种功能。

第五，是企业基本思想的贯彻组织。

经营管理部门要与企业的核心思想和价值观保持高度一致，这是制定企业内部章程的前提和基础，也是反映企业文化的载体。通过对经营哲学的推广和传递，让每个员工拥有统一的指导观念，才能助推企业的经营项目收获成功。经营管理部门要从经营的角度去传达最高指令，相当于在决策层和执行层之间搭建了沟通的桥梁，聚合思想，统一认识。

经营管理部门除了肩负五项重任之外，还要严格遵循稻盛和夫制定的七条经营守则，确保在具体执行的过程中不出现偏差。

第一，"筋肉坚实"的原则。

企业要延长生命周期，必须精简部门、清理库存、排除多余的经费开支，正如稻盛和夫所说，经营者必须塑造一个没有赘肉、筋肉坚实的企业。要做到筋肉坚实，就要降低成本，减少不必要的花费，比如在采购时按需购买。通常，采购量越大，价格越便宜，于是有些企业喜欢囤货，暂时用不到的材料或物品，也买回来。殊不知，这是一种得不偿失的做法。用不到的材料或物品，既需要仓库管理，也需要专门的人员维护，如果保管不当，还可能造成材料或物品损毁，这些都在无形中增加了企业的成本。在京瓷，采购原材料时，几乎都只购买当月需要的量，有时甚至只购买当天需要的量。所以还是要本着节约的原则，减少不必要的花销。

第二，完美至上原则。

生产环节出了问题，很可能就会造成原料的浪费，也让人力成本增加，所以要建立数据基础。而每一个阿米巴都是独立的核算单位，它们的存在能够量化这些指标，起到防患于未然的作用。阿米巴作为一个独立的核算单位，必然会产生许多承载各种数据的核算表、报表等。若某一数据出现差错，就极有可能造成经营决策失误。因此，经营数据要确保"零失误"，做到完美无缺。

第三，多重确认原则。

企业的日常管理中会涉及大量的票据，而投入的人力成本往往很大，这是为了防止出现错误，为此这些工作总是由专门的人员去处理。在推行阿米巴机制之后，每个阿米巴都是独立进行核算，他们都希望改善或提升自己的小团体的业绩状况，于是就可能有个别小团体篡改数据。为了避免这种情况发生，多重确认原则就显得举足轻重。

第四，透明经营原则。

只有信息对称了，才能使企业管理者和员工建立深度的信任关系。在建立阿米巴模块之后，公司的信息公开，员工知道原料的进价是多少、利润是多少，就做到了心中有数，知道付出多大的劳动量才能达成最终目标。另外，整个团队都掌握这些信息之后，彼此配合起来也更得心应手，能够在企业内部形成良好的沟通氛围和工作契合度。

第五，现金基础原则。

传统会计学中，当收入和支出的事实发生时，收益和费用将被看成已经存在的东西来计算，所得出的结果是死板的数字。这种方法的弊端是不利于企业了解现金数字和实际动向的关系，会对未来的市场规划造成障碍。比如，某个企业产出了利润却没有拿到现金，这并不意味着没有收益，可能是把利润转变为借贷关系，或者是换取了其他有效资源。所以，稻盛和夫强调，经营者要关注现金流，提升自有资本比率，保持独立的现金流。

第六，对应原则。

当企业的资金出现流动时，相对的票据和物料等资源都要一起跟着流动，这样才能真实地反映出企业的经营现状。在推行阿米巴经营模式之后，小战略单位的出现让这种动向节点化，更容易辨识清楚，有利于优化企业的经营管理。

第七，提高核算效益原则。

在企业规模扩大之后，阿米巴的出现有利于建立业务分支，形成了作为企业日常经营的利润中心，也就是从资金、原料、生产动态等方面强化了监督和管理的力度，能够让全体员工都转化为独立的经济个体，提升产品的附加价值，增加企业的经济收益。

经营管理部门的成立，是为了落实稻盛和夫经营理念的实体存在。而阿米巴经营模式的推广，又从组织上分担了这些经营思维的有效执行，促使每一个员工都升级为会计核算单位、交易流通单位、指标度量单位、市场定向单位等。员工的属性发生了质的变化，从传统行政组织中的执行者变成了活跃度极高的经营策略制定者和参与者，让企业从采购原料到设计研发再到生产销售，形成了一个闭环格局。每个被拆分出来的阿米巴都享有信息知情权和信息加工权，让企业的运行状态更加平稳。

让员工学会时间管理

—　—

稻盛和夫说过，掌握时间的精确管理方式是企业得以长远发展的基础。对企业而言，精细不如精确，细致的管理环节虽然很重要，但如果没有抓到问题的关键往往也是无效的。而且精细并不是一个可以量化的概念，决策层可以用精细作为战略要求，但是执行层怎么去理解精细是做到何种程度呢？

事实上，时间管理要以精确化管理作为原则，做到每一分钟都能被掌控，这样才能让企业的管理效率获得最大限度的提高。

京瓷刚成立时的主要业务是生产电视机显像管的零部件。由于京瓷只是产业链末端的初创企业，没有和客户议价的能力，要想提高利润唯有减少投入。但是怎么节省都是有下限的，也很难招聘到经验丰富的员工和优秀的管理人才，唯一的办法就是挖掘现有员工的潜力。于是稻盛和夫按照工作量制定了三班倒的制度，结果这让员工十分反感，最后稻盛和夫只能告诉大家：如果不能提升业绩，工厂可能会倒闭关门。至此，京瓷开始构建阿米巴经营模式，用单位时间核算制度来加强员工的时间观念，为京瓷的发展带来了转折，每个员工都在为自己在单位时间内创造更多价值而努力。

阿米巴经营的标尺是计算单位时间的附加值，从而判断每个组织及成员的业绩和效率。以制造部门为例，时间核算表中总时间包含了所有阿米巴成员一个月的正常工作时间、加班时间以及组织内公共时间和间接公共时间。需要注意的是，当阿米巴之间存在互相协助的关系时，由此产生的时间、业绩和经费也要平摊，比如加班时间等，每个部门的时间总和要按照比例分配给每个阿米巴；同样，每个工厂间接的时间总和也要按照比例进行分摊，但是需要有一个前提：合作前累计业绩所消耗的时间也要计算到每个组织成员身上，这样才能精确计算出时间总和。

不过，需要注意的是，对临时性劳务费用不作时间管理，它只作为经费开支而不计入单位时间附加值。假设因为生产需要临时增加了工人或者减少了正式员工,虽然产生了新的开支,不过总时间却因为效率的提高而减少了,然而这并不能成为单位时间附加值提高的表现,更不能为了达到这个目的而多招募临时工而减少正式员工。这样认定的理由是:企业必须考虑未来的发展和组织的正常运行,粗暴地裁员会伤害员工的感情,而临时招募的员工也不能成为企业的命运共同体。

在稻盛和夫看来,单位时间核算是以单位时间的附加值作为指标,因此在日常经营活动中,时间概念成了需要参考的依据,其中涉及的关键因素就是某个部门的总时间而不是制造需要的时间。为了强化阿米巴负责人和成员对时间的重视程度,不能将实际制造需要时间以外的时间排除掉,因为它也从属于时间成本中的一部分,只有减少各个相关环节的时间投入,才能真正提高单位时间附加值。

虽然阿米巴经营看重时间管理,但并非为了减少加班时间而节约成本,这是一种管理的误区。阿米巴重视时间的根本目的,在于用时间去督促阿米巴提高工作效率,形成一种紧张的工作氛围,这样才能从整个生产流程上节约成本,让每个员工都能从意识深处理解单位时间核算的意义所在。

将企业拆分成若干个阿米巴,容易让员工出现认知偏差,即关注局部而忽略整体,所以必须加强他们对部门总时间的概念,从而认清自己从事的工作所占据的时间比重,形成从整体到局部再从局部回归到整体的工作思路,确保企业的最高利益不受损害。

阿米巴的单位时间核算制度,与稻盛和夫的三条时间管理原则相契合。

第一,确立终极目标。

时间不能平白无故地被消耗掉，要作用在有意义的事情上。对于企业来说，缺失了最高目标就缺失了奋斗的方向和动力。京瓷创办初期，只有不到一百名员工，厂房也是租赁而来的，尽管存在着诸多困境，但是稻盛和夫依然提出了宏伟的目标："京瓷要放眼全球，向着全世界的京瓷前进。"确立终极目标，就是为了让每一个阿米巴都清楚自己的工作目标是什么，即便存在困难和障碍，也应当为了实现这个目标而努力完善自我，从思想层面、能力层面和自我管理层面提升阿米巴的战斗力，进而增强整个企业的市场生存能力，完成战略愿景。

第二，让时间更有价值。

人的生命是短暂的，企业的有效时间也不是无穷尽的，特别是在残酷的市场竞争中，商机稍纵即逝，因此必须让每一分、每一秒的流逝转化为价值，为此稻盛和夫表示："难道来这世上走一回，你的人生真的有价值吗？"在他看来，想要理解工作对人生的意义，就要全心全意地投入进去，这样才能拥有相对圆满的人生。稻盛和夫认为，如果一个人拼命地将手头的工作做好却没有结果，那么就应当投入更多的时间并付出更大的努力，这样才能获得预期的回报。阿米巴的单位时间核算，就是要提醒员工认真对待每一分钟，善待时间就是尊重自己的生命。如果单位时间产出的价值不高，就要投入更多的时间和精力去提高劳动的价值，而不能为了节约时间而减少工作量，这才是时间的价值所在。

第三，投入时间和精力的事情才值得去做。

日本处于经济繁荣的阶段时，有不少企业将资金投入房地产，这看似是精明的投资学，实则是一种偏离主航道的错误思路。最后日本的房地产泡沫破灭，这些企业都背上了本不该承担的债务。所幸的是，当时有人劝稻盛和夫也投资房地产，面对巨大的诱惑，稻盛和夫理智地拒绝了："天底下哪有这么好的事儿？即便有，也是违反常理的。如果不靠努力奋斗也能赚大钱，哪怕能够暴富一时，也绝对不会长久，还会对我的人生造成巨大的负面影响。"在阿米巴经营中，稻盛和夫反复强调单位时间附加值的重要性，就是让每个员工都重视时间的投入和时间的利用效率，特别是企业在生产活动中的时间总投入。这些都关乎企业未来的命运，不能因为某个意外诱惑的出现去占用宝贵的时间，要始终聚焦一点，不能三心二意。

稻盛和夫的时间管理原则看似简单，其实是将复杂的管理思想哲学化、意象化，让人们更容易把握其核心含义。对于阿米巴经营来说，组织被具体化了，时间轴线也被具体化了。作为时间管理的承载者，每一个员工都应当由内向外地挖掘时间的最大价值，为企业的未来发展赢得生存空间，正如稻盛和夫所说，全力过好今天，就能看清明天。

半个小时决定生死

— —

企业要了解在某一阶段的经营业绩，就要通过会计手段进行统计，这就涉及如何进行业绩管理的问题。从表面上看，业绩只是一项统计工作，然而实际上它牵涉了对企业各个部门和全体员工的成绩考评，需要建立内在的逻辑关系才能得出科学的结果。

那么，阿米巴的实际经营状况如何来衡量呢？有人说使用单位时间核算表，实际上它并不具有绝对参考价值，只有配合真实可靠的统计数据才有意义。这需要遵循三大原则。

第一，核算报表要能够反映出每个阿米巴的工作成果。

只有对各个部门的业务情况有足够的了解，才能让巴长具有强烈的责任感和使命感，所以企业不能随意对阿米巴征收规定外的款项，否则只能破坏员工的工作积极性，会让他们产生对立情绪。因此，企业对一切经营业绩的数据都要有明确的规则限定，从而弄清在哪个业务环节上投入了多少、收入了多少以及应该投入多少等情况。

第二，要保持公正原则。

无论是生产型的阿米巴，还是销售型的阿米巴或者其他职能部门，都要用对等的原则进行管理，尤其是在单位时间核算法则上绝对不能偏袒某一方，防止破坏规则的尊严性。比如，销售部门的业绩指标和服务部门的业绩指标不可能完全一致，但在区分时要有合理性和对应性。当然为了避免纠纷，不能将规则谋划得过于详细，这样反而会让问题复杂化，应当既公平合理又简单明了。这样，无论是哪个类型的阿米巴成员都能了解规则的核心内容。

第三，要用业绩去控制工作流程。

企业在管理业绩的时候不能单纯依靠手头的数据进行判断，还要参照相关的业务流程，主要是抓住两个关键词：一个是余额，另一个是业绩。比如，从客户手中拿到订单之后就是订单业绩，按照订单完成生产就是生产业绩，而二者之间就是制造订单余额，然后到产品出货、统计为销售业绩之前，则是销售订单余额。从生产业绩到销售业绩被看成库存，从销售业绩统计环节到收货款这个阶段才被称为应收账款余额，要进行区别管理。

每个阿米巴的单位时间核算表只能显示业绩数据，因此必须注意余额的变化，尤其是订单余额，它决定了日后的生产和销售计划，是不能被忽视的经营指标。

业绩管理的关键是提高全体员工的核算意识，让员工知道怎样提高销售额以及可能会发生哪些经费开销，所以员工必须懂得核算管理方法。

很多中小型的企业因为企业内部缺乏财务处理人员，所以会将损益表的工作外包，然后分星期或者月度对销售凭证和经费开支进行汇总，交给外部的注册会计师事务所，最终做出损益表。如果采用这种传统手段，员工就不会体会到各类数据和自己日常工作的关系。还有一部分企业比较依赖计算机的统计，也没有将这些结果呈现给员工，让现场工作的人无法了解，退一步说，即便将这些数据交给了现场人员，他们也难以看懂这些专业数据，同样无法将数据和自己的工作联系到一起，所以稻盛和夫才发明了单位时间核算制。

很多制造型的企业都喜欢用标准成本计算方法，将它当成主要的会计管理方式。在和企业关系密切的大型制造商中，也十分流行标准成本的方式，他们管理产品的方式是计算上一年的成本然后发出指令，接到指令的制造部门就要设定比上年减少10%的成本目标。然而这样做，制造部门即便达到了这个要求也只是完成了上面下达的命令，部门本身并没有追求利润的意识。

在产品制造出来之后，销售部门和生产部门的交易是按照标准成本计算，然后在成本之上增加一部分佣金并最终确定价格。这种方式都是依靠销售人员的才能和责任心，然而还是会有一部分人以市场竞争激烈作为借口压低价格，导致产品利润降低，最终损害企业的利润。

由此可见，标准成本的计算方式弊端很大，产品的最终价格被决策层之外的人决定，使大多数人处于被支配的地位，无形中浪费了他们的热情和能力。相比之下，阿米巴经营则不同，它是以产品的市场价格为基准，依靠企业内部交易将市场价格引入每个阿米巴中，因为阿米巴都是独立的盈利单位，他们会自发地减少成本而不是参考着某个固定的标准去生产，这也成了阿米巴的工作目标。这样一来，产品的定价就交给了大多数熟悉本部门的人，所以制定出的结果更具有科学性。

生产部门引入阿米巴经营模式之后，并非以标准成本去完成任务，而是将更多的注意力放在创造附加价值上，因此阿米巴的会计思想代表着全新的经营体系。

稻盛和夫出任社长的时候，只要出差就会带着单位时间核算表，利用空闲时间进行核算。这样他就能够时刻了解各个阿米巴的工作状态，对生产环节中的设备、技术、原材料等情况了如指掌，也方便进行纠纷调解，因为不管上报问题的阿米巴怎么说，单位时间核算表都能作为辅助工具让他一目了然。

很多企业的结算表中有一些杂七杂八的费用会超过其他主要经费开支，这让企业想不通：为何一笔笔看似很小的金额却占据了如此大的比重？实际上这就是对项目细则把控不严的结果，只有采用单位时间核算表才能更精确地了解每一项收入和支出。因为单位时间核算表关注的是现场的情况，具有直观性、真实性，最能够反映出阿米巴经营的现状。

经营并非按照每个月统计出来的单位时间核算进行，因为月度核算每天都在发生，而且都是一些细微的数据集合，因此单位时间核算要每天都进行统计并在第一时间反馈给现场。一旦销售计划或者订单的计划被延迟了，就能马上制定出对应策略，而且经费开支超出计划时必须制定控制支出的策略。

在阿米巴的经营体制下，为了提高单位时间核算，每个组织都要竭尽所能提高生产效率，比如某个生产型阿米巴每小时的劳务费是 6000 日元，那么每分钟就是 100 日元，所以要想创造出高于每分钟 100 日元的价值，就要采取各种方法改变工作效率，最直接的办法就是减少总时间，比如原来一个小时完成的任务量现在 30 分钟就能完成，那么同样付出一小时的劳务费就能做过去两个小时的工作。

即便如此，减少总时间不能理解为减少正常工作时间，因为员工没有加班也不能在正常时间内离开工作岗位，剩余的时间依然要被计入成本。但是，如果其他的阿米巴任务量很大，就可以从清闲的阿米巴中抽调一部分人过去，这样一来，被援助的阿米巴总时间增加，清闲的阿米巴总时间减少。

稻盛和夫在解决这类问题时，总是将时间精确到半个小时之内，依靠精确的计算掌控每个阿米巴缩短时间的情况，从而提高单位时间核算。对企业来说，速度决定生死，如何充分利用时间是取胜的关键，阿米巴经营的单位时间核算制，依靠时间管理去指导现场工作让员工增强时间感，提高他们的生产效率。

在引入阿米巴经营之后，单位时间核算制就是对企业统一管理的制胜法宝，每个巴长都应当根据它来制作年度计划并进行业绩管理，而且它还会成为企业了解经营状况的数据来源。只有统一单位时间核算表的格式和计算方法，才能制定出一个规范的操作法则，让每个阿米巴遇到的问题都能被清晰地呈现出来，从而让决策层拿出应对方案，帮助企业在修正错误时调整经营策略，创造更高的业绩。

业绩管理的直接目的是了解企业的经营现状，此外还有一个间接目的，就是通过自查经营效益来驱动员工去提升自己的单位时间附加值。稻盛和夫将京瓷变成一个拥有团队共识的企业，让大家为了贡献社会而存在，而不仅仅是为了谋求个人利益，因此每个阿米巴之间的关系都是很融洽的，那些业绩突出的阿米巴不会觉得高人一等，他们更享受来自其他阿米巴成员的精神鼓励。更重要的是，评判一个阿米巴的业绩状态不仅仅靠订单和生产总值，还包括创新成果，这样做的目的是避免阿米巴之间形成对立的状态，要旨在为企业的最高利益而奋斗，这才是关乎每个人切身利益的终极业绩。

用核算驱动目标管理

— —

企业从初创到发展再到辉煌期，无论是处于哪个发展阶段，都需要近期目标和远景目标指引方向，否则会让企业偏离业务深耕和拓展的主方向，这就是目标管理的意义所在。

目标管理决定了企业的战略运作方向，但如果这个目标设置得过于长远的话，那么对当前各阿米巴的经营战略并没有现实的指导意义。为了避免这种无效性，稻盛和夫为京瓷制订了三年期滚动计划。当然这还不够，稻盛和夫还制订了年度计划，让所有的阿米巴巴长和其他事业部的部长都能按照这一短期目标而努力。

设定战略目标的最大意义是，让每个部门都能认清在未来发展中自己所扮演的角色，这样就能了解每一年、每一月甚至每一天应当完成的工作任务，而每个事业部部长都要将当年的发展计划罗列出来，经过汇总之后告知每个阿米巴巴长，这样一来，构成企业的各个组织就明确了统一步调。当然，巴长在敲定计划的时候要从阿米巴经营的角度出发，对下一年度的市场进行预测，同时提出产品的设计或者修改方案。这不仅是在销售层面上的，还要关联到人力资源分配、设备等多方面，而且每一个设想都要经过反复的模拟来完成。

阿米巴巴长列出这份计划之后，事业部要对其进行统计，确认是否符合自己的预期。如果低于预期值，部长就要和巴长商谈，说出自己的战略计划是什么，让巴长进行修改。当然巴长也可以说出自己的理由，不过双方最终要达成统一共识，不能保留任何分歧，这样才能确保企业内部处于联动状态。也许这个商谈的过程不会一帆风顺，但只有统一了思想才有继续推进的可能。

在锁定统一的目标之后，为了达成目标，每个阿米巴都要倾尽全力排除干扰。在稻盛和夫看来，年度计划在每个员工心中都能从一种简单的认识变成潜意识，会让他们对目标产生强烈的渴望，从而产生强大的动力，所以管理者要具备强烈的责任感和使命感，这样才能将正面的力量传递给其他员工。

通常，阿米巴经营核算的周期以月度为单位，依照单位时间核算表管理，分月度制作业绩报表和业绩计划，这个计划不是做出来就万事大吉了，还要进行精确管理，其管理的依据就是年度计划。阿米巴的年度计划是根据企业整体的战略方针以及每个事业部的方针制订出来的，具有全局观和长远性，也是企业必须坚持的原则。

从另一个角度看，年度计划也是企业决策层在当年度的预期规划。要想领导员工完成日常经营工作，必须围绕着年度目标来展开，但是这个目标不是凭借热情来确定的，而是依靠各种生产销售的数据得出的。比如生产总值达到了多少、日结算销售额提高了多少……将这些数据汇总就得出了一整套科学的数据体系。需要注意的是，这个数据的采集不能只是从企业的层面去获得，要具体到每个阿米巴，而且要做到数据细化，不能出现模糊不定的数字。让每个阿米巴的战略目标和企业的最高目标结合到一起，才能让员工和企业产生高配合度，否则就会影响团体的协作性。

月度核算管理是指在每个月月初阿米巴根据对市场变化方向的研究制订出的相应计划。月度计划能够用数据反映每个阿米巴在当月开展的活动的意愿，所以不能将其单纯地理解为预估当月的销售计划，而是预期的实现目标，更像是一种为达成目标撰写的保证书。在制订计划的时候要根据上个月的业绩了解哪些方面出了问题，将每个月必须采取的对策列入计划当中，提前做好各种意外情况的应对策略，这样一旦遭遇变故就能及时用预案来解决问题，确保完成计划的成功率。

月度计划在执行时，一定要将经费、单位时间、产值这些重要的核算项目罗列进去，确保上一个月的累积业绩和本月预期的业绩符合年度计划，一旦发现有出入就要尽快弥补差距，避免到年底时因差距过大而无法完成任务。

如果有的阿米巴无法完成年度计划，那么计算出的预期数据自然会低于事业部和企业整体的要求。遇到这种情况，事业部部长必须分析该阿米巴的预期数据，重新确定事业部整体的预期数据，同时要对无法完成计划的阿米巴进行指导，提高其完成的可能性。

如果是整个事业部都无法完成年度计划，就只能让那些超额完成预期目标的阿米巴再提高一个标准。从这个意义上讲，事业部并非是对阿米巴上报上来的数据进行整合，而是要肩负起指挥者的责任，将年度计划当成必须完成的任务，并将这种志向清晰地传递给每一个员工，这样才能提升事业部人员的战斗力和意志力。

对巴长来说，当预期计划设定好之后，要将相关的计划内容告知每一个成员，做到让每个人心中有数，让他们将预期计划变成个人工作计划的一部分，这样全员才有统一的目标和努力方向。不管是从事哪项具体工作，都要在产量、销售额这些分类指标中完成计划的一部分，与此同时，每个成员还要完成预期的目标，要让他们知道自己的努力决定着本部门未来的前途。当所有人都朝着同一个目标努力时，就会彼此分享成功的经验，从横向上加强联络，提高目标的达成率。而且，这种积极的工作氛围会促进大家朝着下一个目标去努力，为年度计划积累强大的推进动力。

为了更好地完成这一系列目标，企业要将每天的业绩数据分发给每个阿米巴，让巴长敲定计划的进展速度并告知全员，让大家都了解生产情况，这样每个人都知道自己负责的工作和任务数据之间的关系。一旦某个人的业绩完成情况影响了年度计划的实现，那么就必须尽快找出解决方案，让所有人献计献策，发挥团队精神。

无论面临着多么困难的现实情况，巴长都要对每天的业绩数据进行统计并时刻鼓励部下尽快完成，要让他们站在企业发展的宏观角度去完成一点一滴的积累，这样才能产生强大的驱动力。这样做，或许短时间内效果不明显，然而经年累月的积蓄会让这种能力爆发出来，最终提高全体员工的工作意识。更重要的是，管理者的意志并不是一个空泛的概念，它可以直接反映在月度核算中，从而给企业决策层了解中基层管理者实际能力的机会，使他们不能因为某个借口无故让目标搁浅。

在每个月的工作计划完成之后，巴长还要总结经验，比如采取何种策略达成了目标，这种策略会不会产生一些负面作用，从而改善未来的经营策略，这对年度计划的最终达成有着重要意义。而且，反躬自省的工作作风，能够让阿米巴的核算效率更高，也能提高巴长的领导素质和经营能力，推动企业的整体核算能力。

阿米巴成本控制：合理减少各项开支

Chapter 5

"共患难"是为了"同享福"

——

　　企业推行阿米巴经营模式之后，原有的整体结构会分割成若干个小组织，此外还有一些不能产生利润的职能部门，这些形成一条能够闭环运营的内部交易链条，但是这些交易过程会产生资源的消耗，也就是公共费用。所谓公共费用，是根据阿米巴经营核算途径，无法明确归属到具体的阿米巴或部门的费用，或应该由多个下级阿米巴分摊的上级阿米巴费用。

　　公共费用是否能够合理分摊，决定着企业日常经营工作能否有效地开展。换一个角度看，公共费用分摊就是企业通过将和生产经营相关的设备资源、房屋资源、物资资源等因素进行货币量化，使每个类别都要按照各自的计量标准衡量，然后科学地分摊到每个阿米巴的过程。

　　需要明确的是，公共费用分摊的前提，是阿米巴有全面核算、独立核算以及即时核算的能力，这样才能方便计算每个组织的投入产出比。那么，何谓分摊呢？它是指那些无法准确划分费用归属、无法直接计量费用数值以及费用数值对经营结果影响很大的并能获益的公共费用，按照一定规则共同分担。

　　既然企业已经被拆分为无数个小组织，那么为何还会产生公共费用呢？其实，这是因为阿米巴的同一性：一是每个阿米巴都在企业内部扮演不同的角色，但最终都要服从企业的最高利益，所以公共费用是客观存在的；二是分摊费用会强化阿米巴之间的联系，避免因交易的频繁而对立化。

阿米巴进行公共费用的分摊，主要有以下三点原因：第一，让所有公共资源得到量化，确定每个阿米巴所承担的经济责任；第二，准确合理地考量每个阿米巴的经营管理效率；第三，全面强化每个阿米巴成员的经营责任感与使命感，确保企业最高利益不受侵害。

一般来说，公共费用的分摊要依照一定的流程：首先要确定经营核算对象，也就是每个要进行分摊费用的阿米巴，然后将共同费用核算出来，再选定相应的分摊标准，最后将共同费用全部分摊到核算目标当中，形成"归集—分摊—再归集—再分摊"的标准流程。

总的来说，公共费用分摊让阿米巴之间的关系变得微妙起来：既是商业合作对象又是组织盟友，保留了竞争性和团结性。在具体操作时，分摊费用要遵循五个原则。

第一，有偿使用原则。

企业将和生产经营有关的资源分配给阿米巴，这不是免费的。阿米巴要根据规定，按照比例一次性或者多次向企业缴纳有偿使用费。另外，这个分摊过程必须遵守"谁使用谁承担"的原则，要分清责任所属，不能分清的也要合理分摊，保证权利和责任的统一性。

第二，有效使用原则。

一般来说，企业的有效资源是指在整个资源系统中能够有效利用的部分，比如可以支配的收入就是有效资源，而暂时未能收回的放债就不是有效资源，这体现出企业在处理借贷问题时的态度和能力。以此为前提，阿米巴要分配到有效使用的资源，比如多少资金而不是债务，这才能为它们提供有效的帮助。

第三，相互认可原则。

公共费用分摊是阿米巴日常经营的基础，决定了阿米巴的经营支出项目，从而对远期的经营收益产生决定性影响，会让成员对阿米巴产生认同或者排斥。所以为了顺利进行这个过程就必须在分摊环节提高每个成员的参与感，让他们产生民主的意识和理念。另外，每个分摊结果必须由阿米巴的负责人签字认可。

第四，降低成本原则。

阿米巴的建立就是为了节约成本，所以分摊费用也要遵循降低成本的原则。每个阿米巴只有获得利益才有生存下去的条件，因此分摊的初衷是能够让企业扩大生产经营规模，确保每个阿米巴成员的切身利益得到保障，让每个人都积极参与到成本管理中，让大家建立对投入、产出的相关概念的理解。所以，要将企业内部的资源量化，并合理分摊至每个阿米巴，使其转变为推动阿米巴壮大升级的动力。

第五，化繁就简原则。

虽然公共费用涉及很多方面，但是不能为了分摊而产生过多的计算工作，给阿米巴的正常运营带来麻烦，所以要在公平的前提下尽可能地简化分摊规则和分摊项目。

有关分摊一直存在着一个争议，那就是企业的总部费用是否应当分摊。有些人认为阿米巴自负盈亏，不应当替管理层承担其他方面的费用，而且这些费用的支出不在自己的控制范围之内，并不合理。从个体利益的角度看，这种观点有一定道理，但阿米巴存在的意义终究是为了整个企业的最高利益，不能将管理层弃之不顾。如果没有分摊费用，那么每个更高层级的阿米巴的开支都要自己承担，以此类推最终的负担会转嫁到企业身上，那么企业受到了损失，最终影响的还是所有阿米巴。而且，在稻盛和夫利他精神的指导下，分摊也是为了照顾别人的利益，是不能违背的基本经营法则。

既然一定要分摊，那么分摊的费用是否可以减少一些，让阿米巴成员不背负太多的支出？这个要看总部如何预算，如果企业所有的阿米巴巴长参与投票，有八成的人表示同意，那么某一次分摊就具有了内部效力，阿米巴就必须执行。如果有超过两成的巴长表示反对，那么要说出反对的理由，确认理由充分的话就要对相关的费用进行控制，从客观上为全体阿米巴减负。

归根结底，分摊原则是为了促进阿米巴之间的合作关系，而不是引发内讧，这也是稻盛和夫经营人心的出发点：用竞争性保证组织的活性，用关联性保证组织的黏性，让企业在内部采用优胜劣汰制，在对外时通力配合，才能更好地适应市场竞争环境的变化。

公共费用分摊是企业成本控制的重要组成部分。有些企业的管理者将目光局限在利润和销售额的增长方面，忽视了成本控制。分摊费用能够唤醒并强化每个阿米巴对资源浪费的重视程度，这也和日本企业的文化氛围有关。在日本，人们都以浪费为耻辱，总是想尽一切办法杜绝浪费。

费用分摊能够让生产销售等环节中的费用明细被大家所知，起到开源节流的作用，从而减少不必要的资金投入，这是获得利润的最好方法。尤其是一些隐形成本，比如人才流失成本、沟通成本、岗位错位成本等，这些被忽略的数据往往通过费用分摊被挖掘出来。各个阿米巴为了减少总分摊费用，必然会节约成本，让全员都参与成本控制的工作中，让方法不再单一化，而是多角度、多层级地同步进行，减少了企业在管理方面的总投入，换来的是工作效率的全面提升。

阿米巴的经营模式本身具有严格的成本管理制度，因为它遵循的是"销售最大化，经费最小化"的标准。费用分摊会促进阿米巴进行技术、管理、库存等方面的改革，让流程科学化，让绩效公平化，让数据准确化。

好好算算经费开支这笔账

— —

阿米巴进行科学分摊费用时，总要分析和处理各种费用项目，从而判断各组织、部门在单位时间内的投入、消耗以及损益等情况，以此作为分摊时的参考依据。那么，如何科学地管理经费支出就相当重要，要弄清哪个部门、组织造成了额外的开销，这就需要以单位时间核算表中罗列的项目作为参考依据。

在统计经费开支时，需要严格按照相关原则操作，因为这涉及各个组织和企业之间的财务关系，也是进行科学分摊前的数据积累。

首先，单位时间核算要求将阿米巴本月度的全部费用都列为经费开支。生产型阿米巴要计算原材料采购费用、水电费用、设备维护费用等；销售型阿米巴要计算市场调查费用、客户维护费用、营销活动费用等；处于中间环节的费用也要计算进去。不过单位时间核算表和损益表并不相同，它主要统计单位时间内产生的附加价值，因此统计的内容和劳务费用无关。

其次，对物资采购费用的统计要遵循现金本位原则，要在采购时将一切费用作为本月度的经费开支。比如采购原材料时，只有在完成验收这个环节之后，才将全部原材料的采购费用计算为经费开支。为了以现金本位原则对月度业务进行管理，经费的统计并不能看掌握了多少原材料，而要看本月度购买了多少原材料。需要注意的是，诸如通信设备、照相机等产品，因为每个类别需要的零部件是不一样的，因此不在零部件投入生产的同时就进行开支的计算，这样会出现本月度核算有偏差的可能；在购买贵重金属时，因为批量购买的和每个月使用的存在差异，在采购时要计算全部开支就会造成大幅度的偏差。为了避免这些误差，要在上报之后依照物资的使用统计情况来计算，在进行使用金额统计时要确保库存管理是否合格。

最后，和阿米巴经营活动不发生直接关联的经费，即便不能直接管理，也应当根据阿米巴能够认可的标准让所有阿米巴都分摊。

稻盛和夫制定了一条规则，叫作获益者负担原则。那就是让获益者承担和制造、销售有关的直接和间接的费用，假设获益的阿米巴应当承担的经费数额明确，就应当将部门经费转化为获益部门的经费开支。

在阿米巴的经营模式下，间接部门只是一个成本中心，并没有收益，所以它产生的公共费用，要依照一定的制造金额、人数比例等原则平等地分摊转移到直接部门。这种分摊模式让间接部门必须在月初做出本月的经费预算，并告知其他阿米巴本月要分摊的经费预算，其他阿米巴接到通知后，就要制定出本月转移过来的经费预算。

有一些企业的事业部门会进行经费分摊，不过在采用了阿米巴经营模式之后，分摊应当只发生在每个阿米巴之间，这样才能加强核算的精度。有些阿米巴成员较少，就要认真去做这项工作，确保将经费开支压缩到最低。这种分摊模式能够让每个阿米巴加强对经费的控制，也能在一定程度上遏制无效人数的增加。如果某个间接部门的转移经费在月底增加了，超出了月初的计划，就会影响其他阿米巴的核算工作，因此阿米巴有权问责间接部门，对方就要接受高层的检查，查明原因。如果企业的决策层也找不到解决的办法，就要加强阿米巴的现场经营作用，所以间接部门在企业中的位置仍然是次要的。

阿米巴的单位时间核算是一个小时之内员工的附加价值的计算公式。因此企业产生价值的根本动力是人而非成本，所以不能将劳务费统计到经费开支当中。尤其是对于那些人数较少的阿米巴，如果加入劳务费会出现成员收入过高而核算结果较差，成员收入偏低核算结果却良好的情况，这样会让巴长认为收入高的员工拖了后腿，导致其在制定日后的经营策略时将注意力放在劳务费用方面而偏离了工作的正轨。

只有将阿米巴的核算表中的日常经费开支统计清楚，才能减少科学分摊时的麻烦，避免产生纠纷。比如，原材料部门将加工好的原材料卖给了制造型的阿米巴，该阿米巴又将产品出售给下一道工序，如果想要在这几道工序中压缩成本，那么水电费是必须要考虑的问题，但想要明确区分出水费和电费的消耗数量，就要将其细化为两个统计项目。而且，究竟哪个工序消耗的电费比较多很难统计，最好的办法就是每道工序都安装电表。同理，如果是某个阿米巴的出差费用较高，为了从复杂的统计项目中找出削减的重点，就应当将全部票据集中起来进行归类，这样才能明确是哪个环节造成了不必要的消耗。当然，也可以不必如此麻烦地分析，而是由决策层直接制定出最经济的差旅方式，避免无理由的浪费。

经费开支的统计和管理，是一项牵涉纵向管理和横向管理两大维度的工作。纵向代表着时间，涉及企业、职能部门、各个阿米巴的年月度计划；横向代表着关联，涉及决策层的方案制定、职能部门的辅助以及每个阿米巴的交易过程。纵横两条线上会产生多个数据，也会产生多种交互关系，只有用系统的思维去分析才能确保分摊的公平性，否则会造成责任方所属不明、经费超额现象无法遏制等情况。

成本是企业的命

— —

企业要想增加利润，除了提高售价之外，还有一个途径就是降低成本。如果说提升品牌溢价是一种对市场的掌控能力，那么降低成本体现的就是企业内部管理的能力。

利润的死敌是高额的成本投入，高额的成本投入意味着严重的资源浪费，而资源浪费是错误的经营理念造成的。企业想要降低成本，最常见的障碍是，很多人会说成本已经很低了，再降是不可能的事情。事实并非如此，企业的管理者没有从思想上进行转变，就不会主动寻找降低成本的方法。

松下幸之助曾经和一群部下讨论产品成本降低的问题，结果大家说来说去也找不到降低 10% 的办法，最后松下幸之助说："大家如果没有办法把成本降低 10%，那就想办法降低 30% 吧！"企业要降低成本，首先要明确销售利润率目标，正如松下幸之助所说，不能低于 10%，而这仅仅是一个及格线，在此之上应该是 20% 或者更高。

阿米巴在完成一定的经营目标之后，就会依靠降低成本的方式增加利润，从而提高企业整体的经济效益。阿米巴经营在降低成本上有着完善的机制，主要包含材料成本控制、费用成本控制以及人力成本控制三个部分。

第一，材料成本控制。

阿米巴必须加强对采购和存储过程的控制，因为购买管理是降低成本的第一步。采购是成本控制的关键内容，采购成本只要下降一个百分点，给企业带来的利润都是非常可观的。要想达到这个目的，就必须在成本核算的过程中细化每一个步骤，不能单纯地为了降低成本而导致在采购过程中购买了不合乎要求的原料或者半成品，影响企业的正常经营。比如，对采购的目标进行横向对比，确保进价最低的同时还要保证质量，这其中要遵循就近原则，也就是尽量减少物流成本，而且最好是定点采购，提高议价能力，绑定利益关系。在选定供应商之后，要严格审查材料的质量，避免数量不足或者质量不高，同时还要对相关的经手人进行审查，防止出现以权谋私等问题发生。在原料购入之后，还要加强库存管理，防止材料过期变质，保证其基本的使用价值。

在进入生产环节之后，阿米巴会通过改进产品设计和结构等方法，降低材料的消耗，实现低投入和高产出的最终目标，还要对生产的废料进行合理利用，减少损耗。此外，阿米巴还会对相关的技术人员的操作标准提出要求，减少因工作失误造成的资源浪费，要经常性地提高制造加工的技术手段，减少材料消耗，不断改革生产方案。

第二，费用成本控制。

加强阿米巴成本核算与成本分析，对材料采购中产生的辅助费用要做针对性判断，合理的投入不能减少，不合理的投入一定要杜绝。比如是否符合运输标准、整理标准或者其他因素等，都属于原材料成本的范畴，但是那些因为沟通不畅、业务能力低下等造成的额外成本开销，就属于费用成本的范畴，要尽快查明原因，避免浪费的现象持续下去。另外，动力费用也是开支较大的部分，比如水电费等。不少企业的生产用电和办公用电都使用一个电表，这样就很难计算出相关的成本投入，如果要分表使用，还会增加设备成本的投入以及相关的管理成本，工期浩大且开支不菲，因此最经济的解决方案是按照一定的比例进行分摊。为了科学计算不同的费用属性，必须制定出符合阿米巴成本费用标准的参照依据，这个标准必须符合阿米巴经营的现状，要有历史依据作为基础。在制造费用和营业费用等问题上，阿米巴会根据不同的项目和发生情况，依照相应的定额进行控制，如果没有定额就要按照各个费用项目的预算加强控制。

第三，人力成本控制。

人力成本控制是指阿米巴在一定时期内，在生产、经营和提供劳务的活动中，因为使用劳动者而支付的全部直接费用和间接费用的总和。怎样有效地降低人力成本是人力资源管理的主要内容，所以每一个阿米巴的负责人都应当对人力成本的现状有清醒的认识，然后找出解决方案。降低人力成本通常有三种方法：

（1）总成本控制法。通过降低人力成本在总体成本中的比重，提升产品的竞争力，强化人力成本的支付效率，同时还要降低人力成本在企业增加值中所占的比率，也就是减少劳动分配的支出。

（2）人员控制法。企业的员工增长到一定数量时，会加大人力成本的开支，特别是在这种投入并不能大幅度提升企业业绩时，所以阿米巴应当对组织内的员工数量进行合理的控制，确定每个新员工的加入能够带来相应比重的收入，而老员工的存在价值也和当前的经济收入相匹配。

（3）正反向降低法。所谓正向降低法，是从组织架构设计和流程重组等方面开展的，能够有效地减少人力成本的支出；而反向降低法是从工作质量提升的角度去考察人力资源的利用效率，也就是单位时间内一个人完成任务的数量和质量等情况，由此判断员工为企业提供的有效价值。

归根结底，阿米巴的成本控制，核心还是在于人，只有全员统一认识，共同参与，才能真正从根本上解决问题，这也是稻盛和夫经营人心的意义所在。当员工学会用经营者的思维去思考问题时，他们就会把自己代入管理者的处境中。而管理者又是民营企业中唯一不会被管理的人，他们会自己监督自己，所以提高员工的参与感就是增强他们的自我约束能力，这样就能减少资源浪费，让企业用最小的投入获得最高的回报。

　　阿米巴的成本控制公式是根据"利润＝销售额－费用"演化而来的，所以建立了"销售额最大化、费用最小化"的经营原则，依靠强大的体制保障，确定每个成员都能认真遵守。企业没有引入阿米巴经营模式，很难有效地实施成本控制。

　　有一家没有引入阿米巴机制的公司，其无尘车间气温常年保持在23℃，比老板办公室的气温还要低3℃。但是老板并没有调整，因为并没有员工反映温度过低，强行施压会引发上下级的矛盾。然而国家的环保标准是26℃，也就是说该无尘车间完全可以提高3℃，这样每年至少可以为公司节约千万元的电费，但是节约的成本与员工的自身利益无关，所以他们才保持沉默。如果该公司引入了阿米巴经营模式，将无尘车间转变为一个或者几个阿米巴，那么员工一定会主动提出提高温度。

　　不仅员工在成本控制方面起的作用很大，每个阿米巴的巴长也能产生不可估量的贡献，因为成本控制是一项系统的工作，只有各个阿米巴之间密切配合才行，而深入一线的负责人更了解日常工作中的资源利用问题，他们的意见更具有针对性和实用性，这正是企业决策层经常忽视的。所以，引入阿米巴机制之后，企业要不断加强节约成本的宣传力度，让每个员工和负责人都明确，减少投入就是为大家提高待遇。从本质上看，阿米巴经营正是依靠集体智慧进行降本增效的途径，由此带领企业和员工走向共同富裕。

成本控制不可能一蹴而就，需要依托数字化经营了解每一笔支出情况，更要明确经营责任：谁浪费资源就由谁承担，谁节省资源谁就能获益。阿米巴的成本控制，就是要认真核算每个业务和每个环节的运转过程，用内部市场化的运行机制分散压力，让员工的积极性被充分调动起来。

九个诀窍控成本

— —

成本控制是企业管理模块中重要的部分之一，它贯穿于企业各个经营环节的始终，有时是静态的，有时是动态的，也有动静结合的状态，选择从哪个部分切入就决定了管控的成功率和最终效果。比如，经营环节是实操环节，会有很多计划外的支出，是考验一个企业实际成本控制能力的关键。特别是当企业发展进入瓶颈期之后，如何控制采购、生产和沟通时消耗的隐形投入，就决定了企业未来发展的上升空间。

日本企业十分重视成本管理，稻盛和夫说："企业应对萧条时，更加要集中精力搞研发，开展降低成本的工作，让企业员工时刻具有危机意识。"事实上，降本增效可以理解为，降低成本就为企业增加了一笔流动资金，这笔资金又能为企业的效益增收提供动力。如果在经营环节中无法降低成本，就会给企业的可持续发展埋下隐患。

降低成本的诀窍在于，让企业的每一位员工自发地去降低成本，而不是被驱动着去降低，也就是让他们用经营者的思维去考虑如何降本增效的问题。因此这个降低过程并不存在于战略设定环节，而在于具体的经营环节。这主要涉及九个方面。

第一，节约生产成本。

生产成本得到控制，与之对应的就是企业生产技术的增强，因为它意味着能用最少的资源生产最多最优质的产品。目前很多企业控制生产成本的方法单一，容易脱离市场，只顾片面地增加生产规模去降低成本，而忽视了市场需求这个根本大纲，结果给库存带来了压力，让企业蒙受了更大的损失。

第二，借助阿米巴自身的控制能力。

严格地说，阿米巴经营本身具有一整套完善的经营成本控制模式，它能够将采购和生产两个重要的部门划分为两个独立核算、自负盈亏的阿米巴，通过各自的经营会计报表开展成本降低工作。在确保产品质量的前提下，依靠改进产品设计、工艺手段等方式降低材料消耗，从而达到低投入、高产出的目的。

第三，发挥内部市场的消化能力。

阿米巴依靠内部市场的交易，能够让采购部门、生产部门以及销售部门进行内部交易，这就成功地把市场压力转移到了企业内部。同时，阿米巴凭借成本数据、销售额数据将企业的经营状况和市场现状以数据的形式告知给每一个参与者，让整个经营流程更加透明化，就容易找到控制成本的关键点。

第四，加强隐形成本的管控。

沟通成本、人才流失成本等，都是经营环节中不容忽视的隐形资源消耗，特别是拆分出阿米巴之后，由于小组织林立，沟通的频率提高，就要明确划分责任，避免在一些小问题上反复沟通浪费资源，要能够打破信息交流屏障。同时，企业可以凭借绩效考评的方式，对员工作出的客观结论进行肯定和鼓励，形成良好的自检自查的工作风气。

第五，依靠阿米巴经营会计。

经营会计不仅是分析企业战略战术是否正确的数据支撑工作，也是盘点企业资源消耗的信息收集过程，通过详细的报表能够弄清钱究竟花到了什么地方，哪些是必要的投入，哪些是不必要的开销，这样才能找到问题的根源。另外，依靠经营会计报表实现新目标的共享，有利于培养员工的成本控制能力。

第六，加强成本核算与成本分析。

阿米巴必须对材料采购中产生的辅助费用进行区别分析，比如运输费、税金等其他合理的损耗，通常按照会计准则的规定，要归纳到原材料成本中。然而有些流程操作不规范或者沟通存在误解，会导致相关单据传递不及时，这就需要认真地核实每个统计项目，避免发生遗漏。另外，有些成本是可以控制的，有些不可控制，只有在核算准确的情况下，才能分析出所有成本产生的真正原因，所以在一些会计科目上，要设置可控费用和不可控费用，方便数据的整理和分析。

第七，明确制定阿米巴成本费用标准。

阿米巴的成本费用标准是否符合客观的支出标准，要结合阿米巴的实际经营状况来分析，比如可以参照成本费用历史数据。当然，这些数据往往代表着实际支出的数量，缺乏一定的合理性，所以要详细分析它的效益，这样才能预见未来的变化，从而提前作出调整。

第八，对制造费用、营业费用和管理费的控制。

在拆分出阿米巴之后，车间经费和企业营业费用等费用项目增加，而且每个组织的情况都各有不同，所以在管控费用的过程中要遵循两个原则：有定额的依照定额控制，没有定额的依照各种费用预算来控制。另外，每个阿米巴、车间都应当得到相关工作人员的监控和监督，并及时交换意见。

第九，管理层和执行层同步参与。

降低成本是一项系统工程，需要各个部门通力配合才行，所以阿米巴的管理者和执行者都要参与这项工作，特别是阿米巴之外的企业决策层，必须作出有利于节约成本的正确决定。同时决策层还要对阿米巴赋予降低成本的理念和手段支持，另外还要加强宣传，让大家对成本控制的概念深入了解，让全体员工都知道他们就是节约成本的关键因素。

当然，降低成本不是降低一切开销，只是对必要的节约投入谨慎。比如，人工费用不仅不能随意减少，还应当在必要的时候增加；降低成本也不是克扣员工合理的薪资待遇。事实上，阿米巴经营是依靠全员智慧来降本增效的一种先进解决方案，能否成功取决于每个人对阿米巴理念的认知程度。

阿米巴经营会计：企业的指南针

Chapter 6

让每个员工都学会算账

—— ——

在阿米巴式的企业管理中，经营会计是经营管理的中枢，是支持企业增加收入而创立的经营量化工具。要想准确地了解企业的运行状况，经营会计的作用不言而喻。稻盛和夫说过，无论是在公司还是出差，他都第一时间看每个部门的经营会计报表，透过销售额和费用的内容，他可以像看故事一样明白每个部门的实际经营状态，经营上的问题也自然而然地浮现出来。

如今是大数据时代，人们的日常生活离不开大数据分析，同样，企业的管理工作也需要大数据分析，而财务数据更是企业经营状况的晴雨表。企业的管理者如果不了解数据的重要性，就很难参与日常经营工作，也无法对企业未来的发展进行战略指导，更无法对当前的市场环境作出准确的判断。做好这一系列工作的前提，就是要从数据根源出发，改变数据整合的方式，也就是说不能完全依赖传统的财务会计报表，要通过经营会计提高内部数据的利用效率。

阿米巴的经营会计，从本质上看就是让每个员工都能学会算账，每个人都能做出报表，让数据在每个人的工作流程中发挥作用，以便于在每个阿米巴之间形成良性循环。其意义可以在以下三个方面体现。

第一，优化自我。

阿米巴经营模式让每一个员工都清楚自己在企业中所贡献的价值，了解自身现状，从而查漏补缺，优化工作能力，提高为企业创造利润的能力。对企业来说，经营会计产生的原始经营数据，是真实可信的第一手资料，能够让企业的管理者认清经营中存在的问题，帮助企业进行高效率的内部革新，完善经营体制。

第二，公开透明。

引入经营会计这种先进方式，能够让员工和企业的管理者实现信息对称，让整个生产流程在公开透明的机制下健康运行。而且，阿米巴的经营会计是建立在单位时间核算制度的基础上，能够准确地呈现出每个部门的盈利状况并统计出单位时间附加值。这种直观的呈现方式有利于企业的决策层和阿米巴的负责人快速作出决策，减少沟通成本和中间环节，加快企业对市场的反应速度。

第三，方便评估。

经营会计数据能够促进企业内部管理的民主化和科学化，让员工不用担心自己的付出得不到相应的回报，能够最大限度地激发他们的工作热情和劳动积极性，间接地为企业增加利润收益。而且，经营会计可以让企业的管理者随时发现数据的变化，方便对生产、销售、管理等环节出现的问题进行分析，有效地评估产品的市场回报率，利用大数据促进企业的升级换代。

阿米巴的经营会计能够促进企业利润的持续增收，也是稻盛和夫获得成功的重要手段之一。稻盛和夫说过，经营无非就是解决如何扩大销售额、如何减少费用的问题，一点都不难。在这种思路的引导下，阿米巴的经营会计制度和西方的财务会计有明显的不同，它的存在妥善地解决了两个困扰全球企业管理者的难题：一个是"如何通过量化的数据来贯彻经营者意志"，另一个是"企业家如何一目了然地掌握经营实际状况"。

有些企业的领导者认为，自己作为负责人不需要学习会计这种具体技能，只要将每天产生的单据汇总给会计师就可以了，对他们而言经营成果才是一切。从精细化分工的角度看，这种认识并没有错，但忽略了一个重要问题：领导者是企业的掌舵者，并不是某个经营环节中的负责人，不能及时准确地了解企业日常活动的现状，就无法真正带领企业创造更高的业绩，特别是在当前市场环境日新月异的前提下，反应速度慢往往会错失商机。

稻盛和夫是这样看待会计工作的："如果把经营比喻为驾驶飞机，会计数据就相当于驾驶舱仪表上的数字，机长相当于经营者，仪表必须把时时刻刻变化着的飞机的高度、速度、姿势、方向正确及时地告诉机长。如果没有仪表，机长就不知道飞机现在所在的位置，就无法驾驶飞机。"

稻盛和夫并不只是教会了管理者要重视会计工作，他还意识到，传统的财会体制过于僵化死板，按照一个固定的要求去制作报表，很容易事倍功半、费力不讨好。比如，传统的财务会计对成品和半成品的成本是根据适当的成本计算法得出的，这样做是为了方便会计监查。这对上市企业来说是有必要的，但是这种体制也存在问题：计算成本的过程十分复杂，需要投入大量的人力、物力，而且每个品种都要计算成本，如果企业的产品线丰富，那么统计工作会非常繁重，这对企业的经营也没有多少实际意义。

正是认识到这种现状，稻盛和夫才主张通过阿米巴体制创造简单易懂的会计机制，让更多的非专业人士也能参与进来。为此，稻盛和夫吸取了日本企业积累了几十年的宝贵经验，逐渐完善并整理出符合阿米巴经营特点的会计体系，成功地在京瓷应用推广，而这也是阿米巴经营先进性的体现。

传统的会计工作，对企业来说就是球类比赛的计分牌，虽然能告诉你输赢的结果，却不能告诉选手应该怎么做去避免失败，而且选手也不会把精力放在关注计分牌上面。同理，会计统计中的数字也只是一组冰冷的"分数"，它只能告诉企业哪项业务有了收入，哪项业务亏损，却没有办法帮助企业改善其中的问题，而阿米巴的经营会计就是要找出"分数"背后的原因。

在京瓷，每天的工作完成之后，不管是巴长还是企业的决策层，不需要等待一个结果出来就能事先掌握当天的数据，然后将这些数据和之前积累的数据加在一起，就能计算出一个大概的数据，由此可以推导出到目前为止完成的任务量，还能预测到月底能完成多少。这样就能对企业的经营前景作出预判，从而积极应对市场的变化。所以，京瓷的员工需要的不仅仅是工作本身，更是一个展示自我的舞台，那么他们如何去丈量自己的能力上限？又如何去安排自己在企业中的工作计划？经营会计是最佳的手段。

阿米巴的经营会计经过了长期的实践与摸索，它本身是一种个性化的定制工具，所以在不同的企业有不同的表现形式，以此来适应处于不同发展阶段的企业。京瓷将阿米巴会计制度和企业的经营状况紧密联系在一起，表现在每个月的计算报告上。在京瓷成立之初，只有为数不多的企业进行月度结算，通常每半年或者一年才核算一次，这种核算一般是委托公司之外的会计师事务所操作，因此企业的管理者很难了解每个月的核算情况。稻盛和夫的先见之明在于，他领先大多数日本企业进行月度结算，从而详细地了解每天的业绩数据并着手改良。而且，京瓷的月度结算并非根据月末的核算表进行统计，而是依照每天的小数据进行积累，确保当日的订单、生产、销售等经营信息都及时被反馈出来。

现在，阿米巴的经营会计已经成为很多日本企业效仿的核心量化工具，足见稻盛和夫在阿米巴会计制度创新领域的勇敢开拓。在他看来，每个部门的阿米巴会计报表是最直观地了解该部门的工具，帮助他为整个企业筹划未来。

经营会计的思想之根就是放弃了传统会计定义的"成本"，让企业的最高目标锁定在利润而不是成本上，迫使每个阿米巴都不断完善自我，以便取得更多客户的认同，提高品牌的知名度。

到目前为止，阿米巴的经营会计是日本企业为全球贡献的伟大的发明之一，和传统的会计系统相比优势很大，避免了传统会计制度中的二次加工环节，为企业的管理者和员工提供最真实可信的资料，能够充分反映出日常经营的状态。阿米巴的经营会计，能够根据企业的自身特点进行定制性的制作，避免了信息的失真。以京瓷为例，在采用了经营会计之后，它放弃了传统的成本计算法，通过对市场价格的反推来减少成本投入，也就是说先去寻找订单，然后以订单上的价格为基础倒推出最低成本，这样既能满足客户的需求，也能让企业的获利最大化。

不做世外桃源式的企业

— —

阿米巴经营会计具有很强的逻辑性，这个逻辑决定着企业和各个阿米巴之间的经营关系，只有理清上下级关系才能形成符合阿米巴要求的会计统计。通常，这些统计内容包含着企业在竞争中的实际收益和战略目标的关系，如果完成了目标就证明经营没有出现问题，而如果未达成目标就说明实际经营遇到了问题。这和传统的会计工作不同，不是单纯地拿今年的业绩和去年的业绩相比，而是用实际业绩和理想业绩去做对比，因为拆分出来的阿米巴多了，笼统地比较不利于发现和修正经营策略。

那么，阿米巴的实际业绩该如何统计呢？计算方法很简单，就是用实际的收入减去实际的支出。不过，如何计算收入是一个相对复杂的问题，如果统计该项数据的阿米巴带有经营性质，那么就要将它的外部收入和内部收入的总和作为收入的完整部分。内部收入就是内部交易中获得的收入，而外部收入就是和外部市场交易时产生的收入，但是这个收入应该以不损害企业利益为前提。

至于阿米巴的支出，主要包含着两个类别，一个是组织内部的支出，还有一个就是科学分摊之后敲定的费用。比如人力资源成本和设备物料成本，都属于阿米巴的经营成本。如果阿米巴对接的上游组织是职能部门，没有利润来源，那么该部门的花销就要由下游的阿米巴来分摊，具体的分配比例要经过科学的计算，避免引起纠纷。

和传统的会计体制相比，阿米巴的经营会计可以看成一种产业升级。它主要表现在能够让员工主动地收集和分析数据，而不是被动地接收数据甚至被数据驱使，这样才能让每个阿米巴节约成本，增加出货量。所以，阿米巴应当将需要统计的数据统计完，在众多的分类项目中建立逻辑关系，这样才能从整体上对数据进行客观的分析，影响经营政策的制定。

阿米巴经营会计需要在五个方面做好准备：第一，会计凭证，它能够保障数据来源是真实可信的，能够提供给企业的决策者以正确的判断；第二，会计账簿，它能够全盘整理各类账目的汇总数据；第三，会计报表，它能够对日常经营工作的资料进行分析并为阿米巴提供可参考的数据，给他们的经营计划提供思路借鉴；第四，会计分析，它是对日常经营的各项指标和一些关键数据进行分析并得出科学的结论，能够对工作现场的问题及时提出修改建议；第五，会计改善，它要求企业从报表反映的数据中发现问题并制定应对策略，提高经营业绩。采用阿米巴经营模式的企业不需要在每一个管理环节上都下功夫，关键在于能否让企业提出的指标被所有人理解并达成共识，因为每个阿米巴都是独立的核算单位，不能用会计的专业性去增加他们核算的难度。

对于阿米巴经营会计来说，最难做的工作就是内部交易价格的确定，因为这既涉及企业内部之间的关系，也影响着企业和外部市场的关系，更是决定了全体员工的配合程度，因为定价不合理就会引发连锁性的矛盾。

想要全面推进阿米巴式的经营会计，就要在企业文化上下功夫，要让员工懂得维护自己和他人的利益，而不是以自我或者本部门为中心，才能便于会计工作的顺利进行。因此，在阿米巴经营模式全面铺开之前，企业首先要做的就是加强对各个阿米巴的知识培训，让他们真正了解经营会计的逻辑内涵，树立为自己创造价值的意识，这样才能在后期工作中找出正确的方向。换句话说，过去的会计工作是以数字为中心，而经营会计是以业绩为中心，将数字看成经营策略的载体和信息来源。

没有经营会计，就很难让阿米巴经营模式真正得到推广，它的存在是为了方便会计管理工作，让财务收支状况更加透明化和科学化。在稻盛和夫的阿米巴体系中，经营哲学构成了思想内核，经营会计是完善手段，阿米巴的管理是保障，每一个组成部分都成为阿米巴体系中的血肉。

经营会计对于阿米巴来说，相当于伸入市场的嗅觉器官，没有它就难以准确地呈现市场上的变化，比如价格波动、产业升级、客户需求等。当然，完成这些结论需要对原有数据进行合理分析。从这个意义上讲，经营会计就是阿米巴内外联通的桥梁，它让外部市场和内部市场的差异化减小，能够加强阿米巴对市场的及时反馈能力。

有些企业之所以在会计管理上漏洞百出，是因为它们掌握的数据和现场关联不大，以至于对数据的分析也失去了原有的意义。而阿米巴经营会计就是针对这个普遍现象而产生的，它让复杂的数据变得简单，让模糊的市场动态变得清晰，从而让企业上下都实时了解行业的新动向。忽视了经营会计这一环，阿米巴就变成了世外桃源式的生产销售组织，与市场、客户和时代脱钩。

稻盛和夫采用的单位时间核算表，也是为了配合经营会计而存在的，它让阿米巴更了解自己的经营现状，从而制订出正确的生产计划、销售计划去提高经营业绩。当今社会，市场瞬息万变，竞争对手也会随时调整竞争策略，所以占据时间上的主动权尤为重要。而这些数据的收集和整理就是为了让企业的发展快人一步，强化市场竞争力。

单位时间核算表关注的重点在定价上，这样才能制定出让客户满意的价格，在保证经营成本不提高的情况下增加销售额，让每个阿米巴和组织成员都不遗余力地思考如何压缩成本，促进整个阿米巴体系的优化。这就是"销售最大化，经费最小化"的具体体现。

经营会计能够为阿米巴提供即时纠错能力，也就是缩短问题发生和问题解决的时间，让企业从决策层到执行层都快速调整生产计划或者销售策略，这也符合互联网时代信息高速传递的特征。如果企业对阿米巴经营模式运用得法，就能增强抵抗突发事件的能力，而不会让某个致命的隐患潜伏在某个环节中不被发现，特别是对于规模大的企业而言，能够避免"船大不好掉头"的天然瓶颈，强化阿米巴成员的应变能力，从根本上提高企业的机动性。

每一个企业都希望保持旺盛的创新能力和超强的盈利能力，要想达到这个目标，决策层就必须制订出符合长远利益的战略计划和符合短期利益的战术方案，而具体的数据就是一切工作的本源，也是掌握着各个阿米巴和职能部门未来的命脉所在。因此经营会计要保持清晰的运作逻辑，才能真正帮助企业解决现实问题。

给会计科目的设计加点"料"

— —

阿米巴会计科目的设计工作，是要遵循阿米巴拆分原则的，其中包含了该组织的活动费用、设备费用、场地费用等，这些都要计入阿米巴的总成本当中，因为在阿米巴中，巴长相当于老板。通常，会计科目表存在的意义是区分不同的科目名称、分类排列以及科目编号等问题，每个阿米巴设立会计科目表的时候都要根据自身的具体情况制作出详细的名录，目的是强化科目名称的统一性和参考性，通过对比筛选出有价值的信息。

为了一目了然地分析数据，阿米巴需要对会计科目进行分级，比如划分为一级科目、二级科目和三级科目。当会计科目表完成之后，需要对每个会计科目的核算内容与核算范围及方法进行详细设置，便于让会计人员根据这些统计信息处理会计事务。这主要包含五个方面的内容。

第一，对会计科目的核算范围进行阐述，也就是说要明确指出核算的具体经济业务。需要注意的是，对那些容易弄混的科目要进行详细统计，必须指出哪些属于核算的内容、哪些超出了核算的范围，不能将类别相近的信息混淆在一起。

第二，指出明细科目的设置要求和依据，同时把每个明细科目的详细名称和具体核算内容写清楚，便于了解和分析各数据之间的关系。

第三，指出核算的科学方法，即指出某个科目核算的经济业务需要记录在账户的哪一方上，比如增加时怎么算以及减少时怎么算，还要标出计算的含义是什么，防止后期核对时理不出头绪。

第四，指出科目的会计计量的相关规定。为了确保科目的正常使用，每个科目包含的会计要素要详细罗列出来，比如遵守了哪些会计政策、使用了哪些会计方法或者依照了哪一类的会计原则等。

第五，标明每个科目核算内容的确认条件及时间。这是为了让会计科目具有可参照性，所以必须对每个科目包含的会计要素进行确认并作出注解，以便他人查看和作出解释。需要注意的是，对科目需要满足的条件不能遗漏，要明确指出在满足何种条件时才能记入借方以及何种条件下需要记入贷方等内容。

阿米巴的经营会计和其他传统会计最大的不同，就是对历史数据的收集和分析，这是稻盛和夫对内部大数据高度重视的表现，因为这些数据能够真实地反映出企业历年来的经营现状。阿米巴经营成立的重要条件是数据的准确性，如果数据有误，就会给阿米巴经营造成很大的麻烦，就不能将有价值的信息及时反馈给现场。然而现实的情况是，无论国内还是国外，传统的财会系统基本上无法满足这个要求，所以稻盛和夫才重点加强企业的数据管理转型。

阿米巴经营会计数据中既有阿米巴内部和外部的资金变化情况，也有企业内部阿米巴之间的交易信息。由此形成一条完整的数据链，企业的管理者可以据此进行分析，决定是否要降低成本，是否要对某个工作环节进行改革。更重要的是，通过这些会计信息的整理，企业能够对不同的阿米巴之间的价值定位进行排列，从而了解内部交易市场的运行状况。

阿米巴经营会计，是要对企业内部的经营资料进行分析，通过积攒的数据进行合理的规划。为了达到这个目标，会计部门和其他信息使用者都可以利用自身的管理权限去查阅数据，以便组建不同的信息架构，从多维度、多角度对有价值数据进行整合，从而探知有关企业生存和发展的真实状况。在没有引入阿米巴经营会计时，企业的管理者想要获得这些数据十分困难，这就直接影响企业的战略布局。从这个角度看，实施阿米巴经营会计的关键是确保数据的真实性，否则，被拆分出的组织就难以完成独立核算，其工作效率会低于引入阿米巴经营模式之前。

正是出于这方面的考虑，阿米巴经营会计要始终强调收集数据的目的性和重要性，要生成精确的单位时间核算表，从中找到提升经营水平的切入点，同时要在信息采集的基础上查漏补缺，防患于未然。还有一点不能忽视，那就是数据收集工作每天都要进行并确认，不能允许出现模棱两可的统计，这样等于做无用功，也背离了创建经营会计模式的初衷。因此，企业内部的每个组织和个人都要参与到这项工作中去，要从组织上对经营会计工作进行保障，随时检查各项工作是否准备就绪，要对相关的工作人员进行重点培训。

在做好上述准备工作之后，就要开始设计不同种类的表格，通常是按照工作属性来划分，比如时间统计表、人力成本统计表和费用统计表等，这样细致的划分有利于直接将表格应用到工作中去。

当然，制定表格只是执行工作的第一步，还需要在不同层级的阿米巴中确保流程顺利开展。划分层级一般是按照从下到上的顺序，比如从初级阿米巴开始，再到中级阿米巴，最后到高级阿米巴，这样划分层级的好处是能够从基础工作开始收集数据，确保数据来源的可靠性，对企业的决策层制订战略计划有着重要的参考价值。

各类表格统计一般按照每天、每个星期和每个月的时间频率进行，但这并不是经营会计工作的全部，此外还要制作月度经营核算表，统计的内容包括每个阿米巴以及每个部门当天的收入和开支状况，并对这些数据进行核算。需要注意的是，阿米巴的经营会计并非简单地收集数据，而是在对原始数据分类的基础上进行科学的加工，让表格不仅仅是一个客观信息的呈现样本，更是企业经营管理的论证书。每个阿米巴的巴长，都应当通过这些会计报表准确地统计信息，从而了解到清晰的经营状况，还能将这些真实的数据在企业内部分享，为其他阿米巴和部门提供有意义的参考。

会计数据收集十分看重信息的准确性，所以原始资料的统计和分析必须一丝不苟地完成，这需要注意以下三方面的工作。

第一，对信息需求要准确识别，要明白收集这些历史数据的目的，不能为了统计而统计，要能和当前的经营现状联系起来，让数据产生经济价值。在搜集数据的时候要注意，有些数据样本的来源发生了变化，比如组织结构发生了变化，过去的销售中心，现在变成了产品中心，和曾经的研发中心又有数据重叠或者关联，这要具体情况具体分析，将数据重新组合。

第二，要明确负责数据收集的参与者，这个参与者可以是某一个组织，也可以是某一个人，但必须有一个可以追责的个人或者组织。

第三，对历史数据进行科学整合，这些数据有些属于成形的资料，有些只是原始、未加工的资料，要保证对这些数据的考证、分类的准确性，避免某些数据是被篡改的，也要防止收集的数据外传，泄露企业的商业机密。

阿米巴经营会计是在现代信息技术的基础上诞生的，这让它在实施的过程中有着更强的科学性和原则性，避免了针对某个业务类型进行收集的落后方式，强化收集的目的性，从客观上增强了它的实用性，让枯燥乏味的数字变成了影响企业战略决策的鲜活案例，保证阿米巴的高效运行。

阿米巴收入的核算

— —

收入明细是衡量企业效益增长与否的重要统计工作，当一个企业未被拆分之前，这种统计工作相对容易，当若干个阿米巴诞生之后，如何科学地核算各项收入和开支就涉及操作规范和技巧。

京瓷创立之初，主要是根据客户的需求来生产，降低了库存风险。随着业务的不断扩大，京瓷开辟了打印机、照相机等业务，客户群体也从大客户拓展到了普通客户。在这种情况下，销售部门就要有准确的产品预测能力，还要根据企业的内部订货进行生产，于是之前的订单生产方式变成了库存销售方式，这也成为衡量阿米巴收入的主要机制。

阿米巴之所以能够成为独立的核算单位，一个首要的前提是有明确的收入并且能够计算出必须花费的支出。不过，当时存在的一个问题是，有些阿米巴的产品或者服务缺乏统一的统计标准，导致在具体核算的时候出现不规范的情况，从而造成了经营会计工作的困难。为了解决这个问题，企业在计算收支情况时要全面考虑所有状况，确保信息的完整性和标准的统一性，而能否做好这个工作直接关系到独立核算的最终结果。

通常，为了让阿米巴的收入和市场挂钩，主要采取三种运作机制。

第一，内部销售。

在企业内部，每个阿米巴之间的流通环节就是交易环节，因此每发生一次交易行为就要记录相关的统计数据，这需要以阿米巴自身的状况作为依据，比如成本控制、人力资源投入、设备损耗等，尽量从市场的角度去衡量产品，确保内部市场的活跃性。一般来说，在产品正式出货之前，企业内部流动着各种物资，这就是内部购销体系。

和传统的行政组织相比，事业部的购销一律参照市场价格，而制造工序之间的收费要依照工时或者成本来计算，在每一道工序之前的成本基础上累积本道工序的成本。不过，阿米巴经营却是一个完整的企业实体，要从这些交易中获得收益进行经营。当然，在阿米巴对外交易的过程中，半成品和材料也一样被看成成品，作为企业内部采购的业绩数据，以这种形式购销，只是每一次交易的购销金额是根据阿米巴自身经营状况来决定的。但是为了避免组织之间的定价不合理，阿米巴要求按照市场价格定价，而产品的质量等状态也是参考市场通用的标准进行评定。这种方法看似复杂，却能够将市场法则引入内部生产销售的流程，迫使每个阿米巴都要提升自身的经营能力，而且必须对下一道工序负责。

正是基于这一原则，阿米巴之间的物资流动不以成本作为主要参考依据，而是以产品的公司内部购销价格作为最终定价，从而确保每个阿米巴都能够独立核算而不受其他环节的干预。需要注意的是，阿米巴之间的内部购销，既包括作为收入的生产金额，也包括对下一道工序支付的企业内部佣金，这样划分的目的是让最后一道工序支付给销售部门的佣金能够合理地平摊到其他工序上，维持公平原则。

总的来说，每一件产品的核算取决于两个数据，一个是制造成本，另一个是各部门附加价值，起到决定性作用的就是阿米巴的内部定价。定价虽然没有统一的计算公式，却是由阿米巴巴长共同商定的，由此才能得出被一致认可的内部购销价格。为此，阿米巴必须对产品的定价认真研究，避免发生随意性的交易。比如两个阿米巴在两次交易中，第一次交易的产品价格偏高，巴长通过谈判想让第二次的交易价格优惠一些是不被允许的，因为它破坏了内部定价和市场售价的对应关系，会直接导致生产部门对订单管理的核算出现问题，最终影响企业的最高利益。因此，阿米巴之间要有协调精神，要做到既能考虑自身面对的问题，也要考虑其他组织的处境，在兼顾二者利益的基础上形成最终定价。即便如此，阿米巴之间可能还是会发生一些冲突，这就需要巴长协商共议，用责任意识去解决矛盾。

内部购销不可避免会遗留一些票据需要处理，不过这不是阿米巴的重点工作。阿米巴应当关注的是在销售的过程中如何与外部市场联系得更加紧密，将市场反馈回来的信息清晰地传递给每个阿米巴，以防价格下跌时各组织拿不出降低成本的应对策略。还有一个问题是，阿米巴之间的购销行为在企业内形成了竞争关系，也就是多个阿米巴生产或加工同一个产品，那么谁的产品质量更高价格更低，谁就享有主动权。这样做也是为了促进同类型的阿米巴提升经营效率，将内部市场充分激活。当然，如果有需要的话，阿米巴也会和外部市场产生交易，这样做不是为了压制内部组织的成长，而是引导并督促他们提升组织的竞争力。

第二，订单生产方式。

阿米巴启动生产的前提是拿到订单，用订单来驱动生产，这样才能赢得利润。而进入生产环节之后售价不是由成本决定，而是参考市场价格，从而在成本和利润之间作出最科学的尺度把握。当然，这样做也是为了更好地适应市场环境，提高生产效率，为阿米巴获取更广阔的利润空间。

稻盛和夫认为，价格是由客户决定的，也就是由市场决定的，这是制定产品价格的前提。他的这一理念打破了传统的"售价＝成本＋利润"的公式，采用了"售价－成本＝利润"的新思维。因为在市场经济的环境下，市场才是决定产品价格的主导，企业能做的只是不断降低成本。然而市场环境始终在变化，价格也会出现波动，为了稳妥起见，企业需要建立能够快速对市场作出反应的机制，将市场变化的详细情况注入企业内部的管理系统中，让每个阿米巴都有充分的认知。

在订单生产的体制下，企业的利润主要源于生产部门，所以该部门要了解市场并将这些信息反映在生产活动中，也就是说市场价格的起伏和企业内部的生产部门的收入挂钩。而客户的销售金额则变成生产部门收入的生产金额，也就是让销售部门成为生产部门和客服部门的中间商，从中抽取一定比例的佣金。对于生产部门来说，每个月的生产金额去掉制造活动需要的费用，得出的结果就是结算销售额；对于营业部门来说，将每个月的销售佣金去掉销售活动需要的经费就是结算收益。换句话说，销售部门的收入不是取决于卖了多少产品，而是帮助生产部门获得卖产品的权利，所产生的收入要被看成手续费。因此，销售部门不会为了自身利益去压低从生产部门进货的价格，照顾到了企业的整体利益。而且，由于售价的变化会影响生产部门的切身利益，只有不断减少成本才能维护收益，为此销售部门还要和客户商谈价格，确保足够多的订单跟进，形成产销一体化的模式。

第三，库存销售方式。

不同属性的企业采取的阿米巴经营模式也不尽相同，有的属于生产型阿米巴，有的属于销售型阿米巴，因此在不同的流通阶段需要制定不同的价格参照标准，这样才能让内部报价更加精确，也不易引起纠纷。

阿米巴经营的库存销售方式，是生产部门和销售部门共同协商之后对产品预估一个理想的零售价，同时在每个流通阶段设定示范价格，这样就能准确计算出销售价格和销售、制造之间的公司内部购销价格，所以，销售部门的收入＝实际销售金额－生产部门报价。

很多厂商是在生产部门和销售部门之间用成本结算价格来移交产品，生产部门以过去的成本设定标准作为成本中心，并按照该标准进行生产。这种思维方式十分落后，因为只考虑管理成本却忽视了核算收支，加之对市场环境的陌生，很难灵活地改变原本的目标成本。相比之下，阿米巴的库存销售并非根据制造成本来核算，而是将制造和销售两个环节，按照企业内部购销价格作为报价，而企业内部购销价格参考了市场价格，所以销售部门会根据市场的变化决定从生产部门的订货量，生产部门要根据销售部门的订单生产，而依据制造报价计算出的企业内部销售额就是生产部门的收入，因此生产部门被看成盈利中心。

当市场价格下跌时，生产部门的制造报价也会下调，为了避免核算情况的恶化，生产部门阿米巴自然会减少成本，运用快速的反应机制提高核算。

库存销售的重点是控制库存量，从而保证企业资产的健全。通常，生产产品能够提升业绩，不过不考虑远期核算的话，就会因为不了解市场的变化要承担产品滞销的风险。为此，阿米巴经营采用销售部门订货的方式，生产部门生产产品之后将其交给销售部门，由后者进行统一管理。所以销售部门一定会控制库存量并摸清市场价格的变化，用合理的价格进行内部订货，如果出现了与市场价格脱节的情况，销售部门要负责处理善后问题。

稻盛和夫提出的单位时间核算制度，规定了库存部分的企业内部利息不能低于市场利息并从销售部门的经费开支当中抽走。因此在进行管理时，销售部门对库存始终担责，这是为了最大限度地控制库存规模。

相比于订单生产方式，库存销售主要依靠流通渠道销售商品，有一定的风险性，而且还要向代理点和销售门店支付促销费用，很容易造成超支的情况。为此，阿米巴经营的要求是，订单销售和库存销售一律应该最大限度地节省销售经费开支。尤其是在库存销售方式中，销售部门需要更高的销售经费，结果造成了浩大的开支，为避免这种情况发生，必须努力将各种花销限定在合理的范围内。

综上所述，统一的统计标准对阿米巴的经营至关重要，没有统一的口径就无法形成有效的输出，就会在阿米巴之间造成矛盾。强化本位主义，弱化集体主义，会对历史数据的采集、加工和传递造成干扰，产出不具有科学性和指导性的信息，从而给企业的战略部署和战术安排带来麻烦。因此，统一标准就是通过强化信息质量来促进阿米巴经营的流畅性。

统一标准还有一个重要作用，是能够确定阿米巴之间的结算方式。因为标准恒定，就让组织之间的数据传播和资金流动进入"无缝切换状态"，有利于企业整体的运作效率，简化组织管理流程，让各个阿米巴既是独立核算单位又能编排到更高层级的统计逻辑中。有些企业在引入阿米巴经营模式时忽略了标准化这个要点，结果造成了阿米巴之间的口径不一致，让日常的经营管理秩序陷于混乱状态，这就是对阿米巴经营模式学艺不精的结果。

科目明细，一目了然

— —

　　科目明细指的是阿米巴按照管理与核算的要求，对一部分会计科目深入分类并提供更详细的会计信息项目，是对所有分类科目的详细说明和具体呈现。它一般包含办公费、运输费、修理费等，涉及各种成本分类，比如生产成本、劳务成本。

　　成本类科目是明细科目中的一种，主要是能够呈现出成本费用和支出的，用来核算成本的产生和归集，为企业的经营决策提供会计信息的一类科目。成本类科目通常会根据成本费用和支出内容的不同进行分类登记，可以分为生产成本、制造费用、劳务成本等内容。

　　那么，阿米巴的生产成本如何统计呢？主要包含成品、半成品以及设备和工具等计算在内的生产成本。为了细化说明，生产成本一般包含基本生产成本和辅助生产成本两大类别。基本生产成本是指在生产型的阿米巴当中，用来核算生产产品的基本生产车间所产生的费用，应当根据基本生产车间和成本核算对象进行细化说明，其通常分为三个等级，其中囊括了制造费用、直接材料和直接人工等专栏项目；辅助生产成本主要是指在辅助生产车间产生的费用，需要将辅助生产提供的劳务和产品作为计算对象，同样也会分为三个等级。一般来说，每个阿米巴需要根据产品的特点选择合适的核算对象与核算方法，在统计各种生产费用时，成本需要按照核算对象和成本项目进行归集，属于直接材料、直接人工等费用的，可以计算到基本生产成本和辅助生产成本中。有一种情况需要特别注意，那就是在企业辅助生产车间中为产品提供动力的附加成本，要在辅助生产成本中进行核算，然后转入本科目基本生产成本的明细科目。另外，属于其他间接费用的先在制造费用的项目专栏汇总，每个月度根据一定的标准进行分配，再分别记入相关的产品成本。

阿米巴的劳务成本，主要是指阿米巴提供劳务需要的支出，提供劳务的对象可以是企业内部成员也可以是企业外部成员，一般包括修理、搬运等内容。

阿米巴的成本核算是指阿米巴在生产经营过程中发生的各类耗费按照一定的对象进行分配和归集，用来计算总成本和单位成本，是企业成本管理中的核心组成部分，对阿米巴未来的战略布局有着重要作用。通常，阿米巴的成本核算必须以会计核算作为基础，以货币作为计算单位。不过，在核算时应当注意三个问题：首先，要将所有核算对象产生的费用都统计进来，不能有所遗漏，防止产生数据偏差；其次，要精确统计生产资料转移价值和应当计入本期成本的费用；最后，要合理地计算核算对象、项目和相关分配方法，确保数据的科学性。

归根结底，阿米巴的成本核算是一种数据加工过程，是对已经产生的费用进行正确的计算。在这个过程中要遵循阿米巴经营的原则，保证阿米巴能够快速进入高产、优质和低消耗的运营状态。

费用明细也是明细科目的子类别。阿米巴对一切经营数据必须有准确的统计原则，这样才能真正认清哪些业务花费了多少投入以及应当花费多少投入等。费用科目一般分为两种类型，第一类是资产类费用科目，还有一类就是损益类费用科目。资产类费用一般是指生产型阿米巴的制造费用。损益类费用是指销售费用、管理费用和财务费用，具体统计原则如下：

销售费用主要核算阿米巴销售商品和材料并提供劳务时产生的

费用，明细科目的设置应当有利于阿米巴准确核算销售费用，便于阿米巴对销售费用进行考核，一般会设置如运输费、福利费、包装费、广告费等明细类别；管理费用是阿米巴在管理生产经营时发生的各类支出，一般包含了公司经费、职工教育经费和税金等；财务费用是阿米巴在生产经营中为筹集资金消耗的支出。虽然这些费用是因营业收入而发生的，不过和营业收入的实现没有逻辑关系，一般不算作生产经营成本，只当作期间费用。

稻盛和夫创立京瓷之后，一直按照单位时间核算这个原则进行月末结算，并在下个月公布每个部门的业绩，所以只要通过单位时间核算表就能作出对某个产品的判断和决策。有时候为了节约经费开支，单位时间核算表会将经费科目进一步细化，形成具有实践性质的经费科目，比如京瓷的财务部门不会单一地列出劳务费，而是将具体的类别标注出来，如修理劳务、搬运劳务等。这样就能让阿米巴的运营状况一目了然，便于对他们的经营策略进行改革和完善。

了解运营状况，少不了要进行财产清查。阿米巴的财产清查分为流动资金盘点和固定资产盘点两大类别。盘点固定资产和流动资金都是企业对各项财产和物资进行盘点与核对的会计计算方法，能够帮助企业了解财产物资的使用情况，让账面信息真实准确，提高会计信息的收集与加工的质量，也便于企业了解资金的运作情况，从而及时进行调节和再分配。对于会计部门来说，查明各项财产物资的储备和保管情况也能够提高企业的执行力，避免出现坏账、呆账等情况。

阿米巴本身就是独立的核算组织，所以对资产盘点有着更高的要求。企业为了强化对各个阿米巴的管理也需要做好这方面的工作，否则就会造成各阿米巴的流程不够规范、责任不够明确的情况，扰乱正常的经营秩序。

采用了阿米巴经营的企业，必须严格按照固定资产盘点计划的要求和程序执行，从而实现固定资产的准确分类，需要在填写相关表格时备注哪些固定资产报废或者损坏的实际情况，由此查明原因，还要找到相关负责人核实情况，如果情况属实要签字确认。

　　通常，盘点固定资产需要注意两方面的内容。

　　一方面，对现有固定资产盘点之前要成立盘点小组，明确责任划分以便有效地协调问题，同时对问题及时上报，然后才能对盘点的项目进行摸查，确保审核工作的准确无误，最后再编制固定资产盘点的计划。

　　另一方面，通过清理账务来盘点所需要的固定资产明细表，然后在实地盘点时对相关情况进行核查。需要注意的是，固定资产的实地盘点必须是以资产清查为核心内容，要辅助产权证明等资料并在相关部门的统一指挥下进行，不能各自为政或者无法可依。而且，为了信息的准确性，需要在盘点时进行及时的分类并要求了解基本情况，比如资产编号、数量、单位、购买价格以及当前价值等信息内容。如果涉及账外的固定资产，要依靠和账面记录核对的方式进行甄别，一定要详细计入没有入账的实际原因以及产权状况等信息，以便日后收集历史数据时有证可查。

　　阿米巴的流动资金盘点和其他企业不同，必须根据账簿记录来盘点各项流动资金，同时还要对债务债权等问题进行核实，确保信息的可靠性。如果在核查的过程中发现账面存在问题，必须尽快查明原因并根据相关制度对账簿记录进行修改，让实际收支情况和账面记录情况相吻合。

　　由于阿米巴内部市场的存在，流动资金的重要性不言而喻。它能够记录每一次周转所产生的营业收入和利润，只有加强这方面的管理才能促进阿米巴资金的流动性，避免资金链断裂或者流动不畅，强化经营管理水平，保证每个阿米巴都能健康有序地维持下去。

人人都能看懂的经营报表

— —

从某种程度看，一个企业是否采用了阿米巴经营报表，可以看出是否真的在推行阿米巴经营，而报表做得越好，证明阿米巴经营模式推广得越深入。

阿米巴的经营报表主要是由巴长来负责的，如果巴长没有从事这项工作，说明该企业没有实施阿米巴经营。当然这不是唯一的判断标准。如果企业内部已经完成了交付到交易的过程，就证明每个阿米巴都进入了独立核算的阶段，如果未能完成这个过程就，该企业的阿米巴经营模式和传统的事业部制度别无二致。还有一个内容是不能忽视的，那就是具体实践的过程如何。

一家企业引入了阿米巴经营模式之后，不仅员工要学习这种组织架构方式，管理者也要学会运用阿米巴思维进行思考，这样才能立足于经营管理的需求和相关的科学计划。而这种计划需要建立在翔实的数据之上，所以必须充分考虑经营会计报表中反映的各种数据。

如今是大数据时代，传统的商业模式正在遭受挑战，企业对市场的分析也从数据的单一化变成了多样化，信息来源渠道比以往更加丰富，可以从多个角度去分析问题。所以相应地，传统的经营报表不适应时代的变化，只有采用阿米巴的经营报表模式，才能让企业的管理思维进入一个新阶段，帮助企业进行重大决策的制定。

传统报表的分析主题是企业的专业部门，和产品的关联度不高，而专业性却很强，只有极少数人才能看懂。相对地，阿米巴的报表主要由工序上的阿米巴分析，每项数据都和产品密切相关，人人都能看懂。

阿米巴的经营报表反映的是经营状况和管理秩序。传统的成本管理只关注产品成本管理目标，缺乏战略性，容易让企业只关注当下而忽略了未来，造成当月成本降低而当年总成本增高的情况，而且不容易反映在当期的损益表中，容易让问题长期被掩盖。相比之下，阿米巴的成本管理的核心是让员工的单位时间附加值增加，关注的是长期的成本控制而不介意一朝一夕的得失，而且这种数据统计是实时发生的，也就是出货了就代表着销售了，产生了费用，就要进入分析的范畴。

阿米巴经营模式落地的过程比较困难，这需要经营报表在财务部门发挥作用。要改变过去以成本为中心的核算方式，强化分析决策对企业的重要性，同时在管控和考核方面做好准备，这样才能提升企业的核心价值，尤其是对流动资产的管理等内容。

完成阿米巴经营报表的过程，会让很多财务人员在更多的应用场景中发挥作用，参与企业的会计制度转型。这个转型的主要思路变化就是让财务和财务之外的指标从孤立的关系变成联合的关系，能够互相呈现出更多的信息含量，在对此分析的基础上将企业的战略思想融入工作方法中，有利于阿米巴经营工作的效率提升。

有的企业不愿意改变传统的会计思维，更不愿意废弃正在使用的报表模板，他们认为这是对传统观念的颠覆，如果实践失败会给企业带来很大的麻烦。事实并非如此，企业的盈利机制和损益结构是经营会计首先要搞清的内容，其次就是现金收支结构等于现金流量结构的问题，抓住几个要点进行修改要容易得多，因为基础的会计思维是不变的。

一个企业在经营时出现了亏损，应当通过同比的方式总结收入的变化情况，当然这不仅包含企业的整体收入，也要统计阿米巴的变化乃至某个员工的变化，这样才有利于找出问题的根源。

阿米巴经营报表的好处是一目了然，无论是专业者还是非专业者，都能从统计数字上发现数据变化所隐藏的内容：生产效率是否下降、员工工作态度是否积极等，从而及时拿出应对方案。而且，阿米巴的巴长也能通过直观的数据分析作出科学的决策，从而推动企业决策层的战略布局规划。从这个角度看，阿米巴的经营会计能开阔高层管理者的眼界，紧跟时代发展的脉搏甚至引领时代。

使用阿米巴经营报表时，需要让从事这项工作的人分工明确，不能为了无限制地获取数据违反了国家的某些规定或者是企业内部的规矩，比如统计的范围与核算架构的搭建等，毕竟数据对于企业来说是无形资产。同时，每个企业的财务负责人要投入一定精力去从事这项工作，让数据为企业的经营服务，要和远期的战略规划相契合。这样才能从宏观的角度为阿米巴的未来计划提供参考信息，也能够帮助企业打破传统的固化思维，增强每一个财务工作者的核算能力和大局观念，让会计部门真正成为助推企业发展的职能部门。

除了做好经营报表之外，还要对内部交易进行准确的统计，这就是阿米巴内部交易会计报表的价值所在。它和传统的报表有很大不同，是一种定制型报表，减少了一些不必要的烦琐科目，创造了现金收付制这种全新的内容，而且直观感非常强。只要用总收入扣除支出就得出了利润，每个员工都能了解内部交易的情况，有利于从感性层面培养员工的会计思维。同时，内部交易会计报表增加了新的项目——单位时间核算，这是为了增强员工的时间观念，也能科学地评判某个阿米巴或者其他职能部门的工作效率。

稻盛和夫认为，企业应当让销售额达到最大值的同时减少支出，这样就增加了利润。换句话说，企业的最高收益的实现要遵循"销售额－成本＝利润"这个标准，所以内部交易会计报表是确保利润存在的必要环节。

内部交易关系到每个阿米巴的绩效考核，所以内部交易会计报表就会起到判断各个阿米巴业绩能力的作用。

在绩效考核方面，传统的绩效管理是让每个部门都去考核规定的目标，内容主要围绕利润，计算的过程比较复杂，需要专门的组织或者负责人去监督，耗费的时间和精力都很大，最关键的是这些考核的目标缺乏连通性，A部门的目标与B部门的目标没有横向联系，整个企业的数据采集是孤立的和片面的。

阿米巴的绩效管理就不同了，它以产品或服务的内部定价作为计算基准，以获取利润为最终目标，有着明确的目的性，而且考核的主要对象是单位时间附加值，在做报表的时候不需要去计算复杂的公式，能够快速地分析出每个阿米巴的达标率。

阿米巴式的报表，能够让生产型的阿米巴时刻关注自己的生产状态，对现场的状况了如指掌，从而有针对性地找出阻碍利润提升的症结所在，等于掌控了和竞争对手过招的资本。总的来说，稻盛和夫的经营会计理论，是实践阿米巴经营模式的数据化通道，有了这项工作打基础，就能为阿米巴经营模式的推广增强可行性与实践性。

压力就是动力

——

阿米巴经营是为了在企业和市场之间建立一条新的通道，这个通道就是以阿米巴为基本构成的独立核算机构。这从表面上看是让结构复杂化了，但这并不影响工作效率，反而会让决策层的压力传递到执行层，让每个组织成员都能主动、自觉地去了解市场，增加企业的盈利能力。而且，阿米巴的强化也能促使经营会计理论的完善，在企业内部形成一种被大多数人认可的核算方式。因为每一个成员都是独立的核算单位，所以他们的存在会让这种机制深入企业的肌体之中。

经营会计和企业的管理水平有着密切的联系，它能够将会计工作的价值最大限度地发挥出来，间接促进企业管理水平的提升，而且经营会计对企业的规模大小没有实质性的要求，企业可以根据自身的情况加以修正。但是，仅从思想上做好准备是不够的，还要在推进的过程中将阿米巴的经营理念和经营会计机制有效地结合在一起，比如对组织成员宣传阿米巴经营模式的成功案例，让每个组织成员都知道其重要意义，才能方便全面推进会计改革。

无论多么完美的管理制度，都需要进行本土化，而不能奉行拿来主义。对大中型企业来说，经营会计的优势会体现得更明显，因为这类企业的财务管理工作本身就很复杂且容易出现各种问题。但是对小型企业或者微小型的企业，经营会计的作用会体现得不够明显，但这并不能否定它的合理性和先进性，因为它的落地实施能够让公司全员加强对利润中心化的认识，确立单位时间附加值这一重要概念，从而强化他们的责任感和紧迫感。

企业一旦采用了阿米巴经营模式，就要将原本属于决策层和管理层的权力下放，这样才能便于企业全员扮演独立核算者的角色，也能让员工对以往陌生的数字加深认识，感受到企业发展的压力。更重要的是，经营会计机制会让很多企业从行业的传统定式思维中解放出来，不再只关注产品的成本问题，而是将其和利润挂钩，让成本为利润负责。这样一来，连接二者的中间环节都会发生前所未有的变化，每一个环节上的参与者都会被调动起来。

过去，很多企业的会计管理只是维系企业正常运转的程序化工作，但是经营会计能够让压力传输出来，让每个人都明确项目的重要性，也清晰地划分了责任，避免了滥竽充数者存在，从客观上提高了经济效益。由此可见，压力是否被传导出来，是判断经营会计普及程度的重要标志。让每个人都变成独立的核算单位，不是让他们看到了数字、分析了数字就足够了，要让他们从数字中感受到压力并将压力转化为动力，这才是经营会计的最大价值所在。

传统的会计管理工作，无法让企业的客户、项目或者事业部等经营元素有机地整合在一处，而在推行阿米巴经营模式之后，这些元素和环节变得更紧密了，每个人都会关注财务和非财务领域的问题，在透明化、公开化的数据面前容易确立短期目标和远景目标。

阿米巴经营的最大特点是分类庞杂，不仅从属性上有多种划分，从内部市场的定位上看也有不同的交互职能，这就让各个组织之间的割裂感比较强，除了用经营哲学加强联系之外，用经营会计产生的数字也能密切彼此的关系，更能统一思想和认识，形成阿米巴之间的内在价值系统。在压力传导的背景下，每个人都能自觉地做好手头上的工作，也能有意识地配合其他阿米巴成员，因为数据的流通和交互让利益关系的绑定程度加深。

压力传导对规模较大、生命周期较长的企业更为适用，因为在企业初创时期，员工的自觉性和管理者的奋斗精神都容易被激发出来，特别是进行过内部股份划分的公司，一个员工能够抵两个甚至三个员工，他们虽然对财务工作可能一无所知，但更关心企业运营遇到的问题，也有解决问题的主动意识。然而在企业规模逐渐扩大之后，同一个工作做的人多了，就容易产生责任分散的负面效应，对数字的敏感度也随之下降，甚至一部分管理者也忘掉了初心。在这种不利的工作氛围中，如果推行阿米巴经营会计，就能唤醒一部分人残存的责任感，用压力让管理者和执行者都回到最佳状态，关注经营隐患，谋求最大价值的挖掘。

在京瓷流传着一句话："销售保交期，制造接订单。"从这句话不难看出，稻盛和夫通过阿米巴经营会计的方式，让每个战略单位都感受到了压力，所以目标更加明确和直接，一切工作围绕着利润开展，这和传统的企业管理模式有很大不同。传统企业是销售部门负责从客户手中拿到订单，而生产部门负责按时交货，而京瓷在采用阿米巴经营模式之后将这个分工颠倒过来。这已经从侧面证明：压力不仅从决策层传到了执行层，也在部门之间进行传导，如果某个阿米巴只为解决自身的压力去工作，那么最终损害的也是自身的利益。

压力传导能够让员工的利己心态进一步弱化，他们会更加清楚自私自利给企业造成的灾难。因为通过经营会计他们了解了整个生产、销售流程，建立了大局观念，迫使他们和其他阿米巴共同分担工作任务，更多地考虑共同利益。另外，作为阿米巴的巴长，他们在充分发挥个人才能的同时，也会兼顾和其他阿米巴的共存共生，一旦遭遇纠纷就会跳出阿米巴的框架，作出有利于大局的决定。从这个角度看，经营会计不仅能帮助企业提高决策的科学性，也能促进阿米巴之间的协调性，形成一种良性的工作思考模式，增强阿米巴和企业的市场生存能力。

阿米巴内部定价：定价即经营

Chapter 7

适合自己的才是最好的

— —

　　给产品定价是每个企业必做的工作，价格的高低决定着利润的多少。稻盛和夫对阿米巴的定价十分看重，他说："京瓷的产品和服务必须定出一个合理的价格，这个合理的价格就是京瓷长盛不衰的关键原因，所以我们千万不能轻视定价，每一次定价都应该努力去分析，找出那个合理的价位。"

　　定价是阿米巴的经营之本，这里所说的定价就是内部交易中的定价，而非针对外部市场。内部交易定价的含义是，依靠定价来实现企业内部的交易和独立核算，这是为了优化内部的循环机制，所以定价最核心的意义是建立一种考量业绩改善的标准。

　　稻盛和夫按照工序将企业拆分成多个阿米巴，这样一来，阿米巴之间就形成了半成品的供销关系，自然会存在售价，那么如何设定价格非常关键：定价过高，会增加成本，损害企业的整体利益；定价过低，又会损害阿米巴成员的工作积极性，弱化阿米巴存在的价值。所以，企业的管理者必须要合理管控内部价格。

　　不同工序的售价，要按照出厂之后的最终售价进行设定，比如京瓷的产品要经过原料、成型、烧结以及加工等多道工序完成，那么阿米巴之间的售价必须以订单金额作为标准，从最终工序倒推计算，接下来就是如何具体地制定价格了。在具体的操作中，内部定价会根据阿米巴各自不同的属性最终确定。

　　第一，销售定价。

对于那些和市场直接对接的阿米巴，销售定价大多数情况下和市场价格相呼应，通常分为两种类型，一种是全价购买，另一种是佣金制度。所谓全价购买，就是对外销售的是直接采购的生产部门所提供的产品，一切以订单为准，这种定价方式要根据生产模块来制定。佣金制度是指通过帮助商家销售产品而获得一部分提成，可以理解为低于全价购买。

一般来说，销售定价都是从客户端开始，依靠内部订货来完成资金和产品的流通。比如一件产品价值1000元，工序A用了3个单位时间，工序B用了4个单位时间，工序C用了3个单位时间，生产总值为1000元，那么经过协商之后，工序B用300元从工序A购买半成品，工序C用700元从工序B购买，工序C的市场售价就是1000元。

第二，生产定价。

生产定价的基础就是上面提到的生产模块总价，生产模块在阿米巴经营模式中处于中枢位置，所以制定成本目标时会采用标准成本的核算方法，通过将实际成本和标准成本做对比来加强成本控制。不过，受制于市场环境的变化，标准成本有时候会影响企业对市场价格波动的感知度，因此生产定价要参考市场的价格，可以计算出一个适用于产品的成本率（也可以采用计算出预期目标利润率的方法），再乘以产品的售价作为成本，这样就得出了阿米巴内部的交易定价。这种算法的好处，是当成本随着市场价格发生变化时，每一个阿米巴都会产生危机感，为了确保自身利益，就要不断地降低成本，减少投入。不过，采用这种方法难免会和销售模块敲定的采购价格发生冲突，需要不同模块的阿米巴负责人谈判，商议双方都能接受的价格。

第三，工序定价。

为了准确核算不同生产模块之间的交易关系，避免发生交易纠纷，每一个生产模块的原料采购和产品销售都要独立进行核算。这就要求在采购原料时不能局限在内部，还要在分析原料价格和质量的前提下，和外部进行联系并进行采购，这样才能培养阿米巴内部的竞争意识，提高生产效率。当然，和外部交易相比，内部的工序定价比较复杂，一般来说，是按照生产流程的顺序确定的，也就是工序 B 的生产模块向工序 A 的生产模块采购，然后出售给工序 C。当采购生产原料时，工序 B 的生产模块可以看成一个独立的采购单元，能够和工序 A 商谈价格，而当出售给工序 C 时，工序 B 又变成了销售单元，这样计算每个模块的成本和收入时就清晰可见。那么，如何形成最终的采购／出售价格呢？一方面可以参考市场定价，如果没有明确的参照标准，就先估计各工序的每个品种的实际成本，再根据每个品种的实际成本在总成本中的比例乘以内部交易价格，从而计算出每个工序品种的价格附加值，将附加值和前面全部工序的价格增加值求和，就能得出本工序各品种的出售价格。

每个工序在计算成本时，要先确定交易品种（不同种类的附加值不同），然后确定交易品种的单位工时（涉及工作量等问题），计算总费用（包含原料费用、人工费用、分摊费用、物料投放量、产品数量等），最后按照工艺顺序逐次计算出每一个品种的成本价格。只要严格遵循这个计算逻辑，就能让每一个阿米巴都以市场为导向，强化市场嗅觉和经营策略，最大限度地控制成本。

那么，如何具体计算内部定价呢？主要有四种方法。

第一，利润预算。

利润预算法就是指已经确定了利润的多少，然后根据实际情况来确定其他的价格。这种计算方法的优势是能够从市场环境出发，充分地了解竞争对手的情况，而且在设定了目标利润之后，能够按照一个固定的目标销售额和目标成本进行维系。为了得出准确的结果，必须经过大量翔实的市场调查和预测，才能确保万无一失。当确定目标利润时，阿米巴的历史资料非常重要，它能够产生参考的价值，凭借产品品种、结构以及成本等多个变量的关系作出一个最合理的计算，实现利润的最优化。

第二，成本推算。

成本推算就是根据每个工序付出的成本来定价，是以每个工序的产品单位作为依据，加上预期利润进行内部价格的确定，这是阿米巴内部定价最常用的方法。因为成本是生产和经营中实际消耗的资源，所以需要通过销售进行补偿和回报，这种方法的优点是简单明确，只要掌握基本的数据之后就能计算。举个例子，A道工序的成本是100元，那么出售给B道工序的售价就要在100元的基础上合理添加，也就是计算成本加成率。不过，这种方法的缺点也十分明显，那就是脱离了市场价格和供求关系，对竞争对手的定价没有抵御能力，而且长期推行的话，也不容易帮助企业缩减成本。

第三，面议确定。

这种方法是让阿米巴之间自愿协商达成最后的价格。通常制定的结果会在市场价格和成本价格之间，依照的标准主要是市场价格，同时还要兼顾阿米巴之间或者阿米巴和第三方之间的同类产品交易价格，在权衡了一切因素之后，制定出一个内部转手的半成品价格。面议法是在阿米巴独立制定价格的基础上进行的，既能够考虑各个组织的利益，也不会脱离市场环境，对组织成员的工作积极性也有一定的促进作用。合理操作面议法，对阿米巴的长期发展有着重要的推动意义。但有时候产品会受制于品牌、产量等因素，让阿米巴在参考市场价格时难以统一成双方都认可的标准，还会让阿米巴的负责人消耗大量的精力。

第四，参考市场标准。

上述谈到的方法都是将市场价格作为参考因素而非唯一因素，更多时候还要考虑阿米巴成员之间的利益关系。所以，上述定价往往弹性较大，会出现价格波动和谈判反复，而遵循市场价格的宗旨就是完全按照市场价格来决定。这样就能避免阿米巴之间的关系对立，同时也会强化他们的自主权，采购型的阿米巴有权自主决定，生产型的阿米巴也可以决定将半成品卖给内部或者是外部。这种方法适用于能够对外销售产品或者从市场上采购产品的高层级的阿米巴，对于层级过低的阿米巴，比如技术含量低的阿米巴、附加价值低的阿米巴，参考的意义就很小甚至找不到合适的参考标准。

任何一个理想的价格转让，都应当参考市场上的同类产品，也就是这个内部买卖的过程，在一定程度上反映出同等条件的市场价格，可以适当上调或者下降，这样做的目的有两个：一是为了更好地适应市场，二是为了反映阿米巴的节约程度。因此，决策层必须具有基本的社会常识，也就是能够对不同阿米巴的劳动价值作出准确的判断。比如加工部门需要多少毛利率，每个小时的雇用费用是多少，如果需要和外厂进行合作要花费多少钱，这些都是判断的依据，不能脱离实际情况。如果企业生产出了高附加值的科技产品，那么多数的生产工序技术含量都很高，只有少数几个部门技术含量较低。由于企业内部的售价是根据单位时间附加值来计算的，所以，低技术含量的阿米巴就要按照高技术含量的阿米巴的单位时间附加值定价，这不仅是少数服从多数的要求，也有利于提高他们的利润。

举个例子，如果企业生产的是上万元的 VR 设备，那么组装工序的定价要根据这个档次的电子消费品来计算，因为最终售价较高。反之，如果企业生产的是几十元的 3D 眼镜，那么组装工序也只能按照几十元的售价来计算。二者虽然看起来付出的劳动并没有天壤之别，但因为附加值的不同获得的利润也不同，这对低技术含量的阿米巴有很大的刺激作用。

一个部门制造产品时消耗多少资源和劳动力，都是要和市场因素挂钩的。如果某个阿米巴的技术含量指数很高，并且随着生产的进行需要购买新设备和雇用新的技术人员，那么定价就要按照更高的附加值来计算，相比之下，低价值的工序就不能用更高的价值标准去衡量。这样的划分具有针对性，也是按照市场的现状来进行决策的，能够被大多数人接受。

遵循市场价格能够巧妙地利用价格差，让成本接近的产品在市场变化的前提下也发生变化，不完全受制于成本的影响，是一种相对客观的参照依据。不过，市场价格千变万化，上下波动的价格会直接影响阿米巴之间的交易，甚至会产生强烈的内部震荡。

一般来说，如果两个阿米巴之间的交易关系体现在对外经营方面，那么参照市场价格的方法就比较实用；如果两个阿米巴都是指向内部交易的，那么用成本定价的方法就比较合适。但是，这种灵活不是搞双重标准，要统一口径，否则会违背公平性的基本原则，会破坏各个阿米巴之间的协作关系。

归根结底，没有哪一种计算方法是最好的，只能说针对不同的企业和企业的不同发展阶段，每个方法都有各自的优劣之处。管理者不能死板地只按照一个方法进行计算，要灵活掌握和调整，这样才能更好地适应市场和时代的需求。

没有完美的定价，只有合格的决策者

——

对企业来说，定价是经营之本，能够体现出一个企业的战略格局和经营策略。在引入阿米巴机制以后，这种经营策略从对外转向了对内，不仅考验着企业的管理者，更考验每个阿米巴的负责人。

阿米巴的内部交易的本质，是引入外部的市场机制，让阿米巴之间的关系从工作关系转变为交易关系，从而确定每个阿米巴间的产品或者服务的售价。在执行这个环节的过程中，必不可少的工作就是做好内部交易的咨询，用稻盛和夫的话就是"定价即经营"。内部交易的价格如同企业内部衡量各个部分产生价值的参照物，虽然内部交易不会为企业带来任何利润，却能够间接为企业在市场竞争中带来经济效益。更重要的是，依靠交易的手段能够完成各个阿米巴的权利、义务以及责任的确立。

既然内部交易是阿米巴经营模式的常态，那么如何定价就是一项不能被忽略的工作，对此要注意五个方面的内容。

第一，公正公平。

某个产品的售价敲定之后，那么根据生产该产品的各个工序的单位时间附加值决定阿米巴之间的售价，这是一个较为科学合理的划分。某个部门因为设置了较高的售价而盈利，而另一个部门因为售价较低无法形成收支平衡，这就在内部引发了矛盾，不利于日后生产工作的开展。所以，企业的决策层应当杜绝这种情况发生，必须给出一个让所有阿米巴都感到信服的价格，也就是说未必一定要使所有人满意，但必须有说服力。

第二，合格的工作人员。

在正常情况下，企业的管理者要关注企业的战略远景和长期利益，同时也不能忽略当前利益。这就要求参与内部定价的负责人具备相应的眼光和素质，这样才不会在内部交易中引发矛盾。

第三，和谐的氛围。

和谐的氛围包含两个因素，一个是能够自由采购，也就是每个阿米巴的负责人都能选择最有利于本组织的采购方案，同样负责销售的阿米巴也有对外出售的自由。另一个因素是，企业的决策层应当将损益表中能够反映的盈利能力作为业绩评价的关键指标，确保各个阿米巴转让产品和服务时遵循公平合理的原则。

第四，议价机制。

每个阿米巴之间都应当有一个全面细致的定价合同，这个合同不仅是为了规范交易本身，也是为了在产生冲突时进行有效的协调，避免内部市场出现价格震荡，影响阿米巴的权益以及企业的最高利益。如果阿米巴在议价中没有达成一致，企业的决策层就要出面进行协调，但是不能将自己的主观看法强加在其中一个阿米巴身上。因此稻盛和夫是这样说的："当两个阿米巴的领导人因为价格而争吵不休的时候，上级领导人千万不能因为自己是上级领导就不顾交易双方的感受自己去定价，这是严重违背阿米巴交易原则的做法。如果上级阿米巴领导人把自己制定的价格强加给下级阿米巴，那么下级阿米巴领导人到时候就会说：'上级领导人制定的价格不好导致我们的业绩不好……'"简而言之，领导人要认真分析再作出应对方案，因为产品的定价不是掌控在某个人手中，无论这个人有多么伟大。

第五，积极预案。

企业的管理者必须了解可以替代的方案，也就是说在内部交易发生障碍时进行紧急预案，避免因内部运转效率低下造成对市场风向变化的敏感度下降。同样，这个原则也适用于每个阿米巴的负责人，他们需要建立替代机制，为本组织的最终利益提供保障，从而确保企业内部的资源流动正常运行。

阿米巴的内部定价，不能脱离企业的战略规划，比如有的企业在某个阶段重点开发一类产品且具有很大的发展潜力，因此在市场开拓阶段会有意降低价格，吸引用户购买，这时就要在阿米巴之间达成共识，否则会有很多阿米巴利润骤减甚至亏损。如果不能形成统一意见，将会给新产品上市造成极大的阻碍。

由于每个阿米巴都是一个小型独立的利润中心，所以巴长具有较大的管理权和决策权。他们通常是本部门产品或者加工服务价格的制定者，他们的意愿往往影响着内部价格的整体趋势，当然这也给了他们压力，因为每一个定价都决定着企业的生死存亡。更重要的是，巴长要真正用经营者的思维去考虑如何合理地定价，这是验证他们经营能力的重要方面。打个比方，一个生产型的阿米巴拿到了100件的订单，客户给出的最高价格是单件10元，但这是一个让组织亏损的价格，这时候巴长必须考虑怎样解决：既不能拒绝客户，这样会危及企业的信誉，同时也不能盲目接单让组织蒙受损失。最好的解决方案就是接受单价10元的价格，但是要和客户谈判，将订单数量扩充到1000件，从而达到收支平衡，也能维系与客户的合作关系。

对良品率的控制也是考验巴长经营能力的指标，因为良品率的计算直接和上一道工序的阿米巴采购数量有关。比如，一个加工型的阿米巴巴长计划的良品率是 95%，也就是每生产 100 个合格的产品就需要 105 个半成品。然而在实际生产中良品率却下降到了89%，那么只能增加购买半成品的数量，这就足以证明巴长没有把握好良品率，给该阿米巴带来了计划外的损失；如果良品率在实际操作中提高了，那么 105 个半成品可能会有剩余，这也占据了该阿米巴的流动资金和库存。

在现实操作中，阿米巴之间的交易不是单纯用数字来衡量的，有时候也会牵涉情感因素。如果巴长因为计算良品率失误导致物料闲置，那么可以将闲置的物料转让给其他阿米巴，这样就能减少浪费，也能促进阿米巴之间的合作深度和频率。换句话说，合格的巴长是能够灵活地协调和其他阿米巴的交易关系的，而核心的目的就是确保定价标准不变，不影响该阿米巴的经营业绩。内部定价不仅需要谨慎操作，更需要考虑每个人、每个组织的切身利益。

用"将来进行式"要求自己

— —

产品出售给用户，阿米巴才拥有收入，如果这个收入模式是订单生产方式，那么客户肯出多少钱就决定了阿米巴的核算状态，而产品的售价决定了订单金额的大小。

京瓷创立初期，因为生产能力有限，只能制造绝缘材料的陶瓷零部件，产品类型比较单一。为此稻盛和夫打算开拓新的业务类型，准备生产显像管和真空管。不过由于大客户都和一些规模较大的企业建立了长期合作关系，所以没有名气的京瓷并无任何优势，稻盛和夫只有依靠价格战的手段去拉拢客户。为此，生产部门只有不断降低成本才能让客户满意，因为客户讨价还价的次数越来越多，给京瓷的成本控制带来很大的压力。

稻盛和夫开始反思，他认为如果销售部门只能依靠低价拿下客户并不能体现能力，只有摸清客户所能接受的最高价格才是真本事。因为产品的成本是有底线的，低于这个底线企业就会亏损，正确的做法是充分掌握市场变化的某些信息，让企业制定出一个既有利润又有竞争力的定价。

只要是竞争激烈的产品，客户的期望价格永远都低于企业期望的售价，而且随着竞争对手策略的调整，该产品很可能会让企业蒙受一些损失，但是订单不能放弃，遇到这种尴尬的局面就要确保核算的平衡性。

当然，一切问题的焦点都集中在是否能够控制成本上，这涉及购买原材料、产品设计等多方面的因素。企业应当理清这个顺序，从低价购进开始再到设计修改，每个环节都要考虑是否能进一步节约预算。这个成本管理的过程要和定价同步，才能符合客户的要求。

为此，稻盛和夫提出一个解决思路：用"将来进行式"去看待能力，也就是考察接单能力。大客户通常会拒绝初创的企业，但是反过来说，如果大客户给了初创企业机会，企业也不能因为完成订单比较困难不敢接单。稻盛和夫在遇到类似情况时，会告知部下：企业接单存在压力，但是我们的能力会得到提升，如果不能通过努力完成的话，我之前对客户的承诺就变成了欺骗。在这个执行过程中，能够用"将来进行式"去要求自我的人，就容易给企业带来价值。因为这是一种向上的动力。

每个阿米巴也是如此，巴长必须时刻确定接单数量，因为它代表着销售额，代表着企业的未来。只有为部下做榜样，敢于接受挑战，才能持续不断地增加订单的数量，这是一种个人奋斗的精神动力，是推动阿米巴业绩提升的助推器。

对阿米巴来说，能否保持业绩的可持续性在于能否增加单位时间附加值，不过要弄清的是，单位时间附加值只是核算状况的指标之一，并不是唯一标准，也就是说单位时间附加值高并不代表着经营状况良好。有时候，某个阿米巴的核算表反映出单位时间附加值提高了，然而销售额相比以往却降低了，这种现象经常发生在制造型的阿米巴外包时。外包的工作量和工费增加，等于在提高了总效率的前提下，降低了阿米巴员工的工作时间，所以这样的"高效率"是无效的。

判断一个阿米巴是否出色不能只看单位时间附加值是否增加，还要看销售额是否一同增加，这样才能判断出该阿米巴是否为企业作出了贡献，由此客观地分析出阿米巴的实际经营状况。

企业依靠外包的方式一样能够从市场上获利，但是从长远发展的角度看，外包会让企业内部难以形成制造业的核心技术，会引发质量方面的问题。要想积累长期的优势，就要在企业内部建立制造现场，通过提高员工的专业能力增强单位时间附加值。

为了提高企业的制造能力，生产部门和销售部门一定要保证足够的信息交换，不能各自为战，必须以双赢作为终极目标。因此，销售部门应当向生产部门全面地传达客户的需求、产品的功能以及相关市场信息，确保信息对称，让生产部门了解自身的优势和短板以及竞争对手的情况，从而制造出具有市场竞争力的产品。销售部门和生产部门应当在长期的合作中建立默契的关系，用"敬天爱人"的理念进行和谐的交流。

稻盛和夫在创办京瓷的过程中，一直在反思产品中的技术革新，从不满足于现状。京瓷的打印机就在他的反思之下改进升级为环保打印机，最后发展为具有全球价值的产品。在他看来，定价和材料成本没有直接联系，和客户是否认可有直接联系。他曾经将生产不锈钢板时剩下的衬纸回收，然后当成原材料出售给造纸公司，这得到了造纸公司的认可——在他们眼里这些"废料"并不废，而是原材料，这样一来，稻盛和夫就减少了生产成本，价格适当下调，拥有了市场竞争力。

归根结底，价格代表的是价值，而价值才是客户认同的东西，成本低的产品未必售价低，成本高的产品未必售价高。比如一些企业使用的再生纸，从表面上看成本不高，但是其加工工序比较复杂，结果导致了最终售价很高，但是客户会花高价钱购买再生纸吗？未必，这是因为客户对它的价值并不认可。但是，稻盛和夫从回报社会的角度出发，依然会采用一些再生纸，因为这是一种环保精神，也是"敬天爱人"思想的实践。

企业持续地进行创造性工作是获得进步的关键，但并非主要因素，阿米巴需要的是不断反思，考虑过去采用的某种工作方法是否得当，这样才能不断改进缺陷，强化优势。

没有完备的核算体系就别谈阿米巴

— —

从理论上讲，阿米巴经营适用于任何一个行业，不过要受到企业管理水平、发展阶段和管理制度等客观因素的限制。这些限制因素不会直接决定阿米巴经营的成败，而是会影响实操效果，特别是像阿米巴核算这种细节性工作，效率高低往往只有毫厘之差。

阿米巴核算体系看起来复杂，其实在提炼之后主要体现在四个切入角度。

第一，如何科学地划分？

阿米巴不是一个固定的模具，它可以根据企业规模的大小进行缩放：条件齐备的可以精细化，条件欠缺的可以粗放化，但是必须确定它能够满足独立完成业务的基本条件且不违背企业的战略发展方向，要保证在完整的工作链条上释放。比如，企业制订的战略计划是追求质量和效益的双重提升，那么一个负责质检的部门就无法成为独立的阿米巴，因为它只能完成质量检测的环节却不能产生效益，只能变成一个职能部门，配合其他阿米巴工作。

第二，如何及时地反馈？

反馈系统是阿米巴核算体系中重要的组成部分，不同的企业会有不同的反馈速度，有的可能是一天，有的可能是一个星期，那么怎么锁定一个科学的区间呢？最长应该不超过一个星期，否则就会在研发、生产、销售、评测等环节落后于竞争对手，甚至落后于用户的需求变化。反馈对阿米巴经营而言就是一个自我反思的过程，反思时间太长或者反射弧太长，都会让企业陷入"拖延症"的状态中，严重制约生产效率。

第三，如何评估人才？

阿米巴的核算体系需要发挥人的作用，这个人首先就是阿米巴的巴长。他是组织的负责人，要具备综合能力而不是单纯的经营能力，比如和其他阿米巴议价的能力、和外部供应商谈判的能力以及和客户沟通的能力等。这个要求看似较高，但是企业可以通过内部培养的方式选出合适的人选，甚至可以在实践中让他们学习，比如让某个候选巴长先管理一个几人的小团队，经过一段时间的锻炼再让他担任更重要的角色，这个候选巴长就能提升自己的战略格局和管理能力。切记，尽量不要从外部选择人才空降，这样会造成巴长对工作环境和工作性质的生疏，尤其是在和基层员工沟通时会产生一些障碍，毕竟阿米巴的经营哲学是在漫长的培养期中形成的，一朝一夕的观念灌输往往不起作用。

第四，如何合理地管控？

阿米巴经营需要的是佣金制（销售部门按照售价的提成来计算收入，提成比例随着销量提高而增加）而并非谈判制，这样能够避免产生纠纷，也不会限制阿米巴的生产积极性。因为佣金是按照比例而不是定额计算，产出的效益越大获得的奖励就越多，而采取谈判的方式，容易让每一次的分成都存在落差甚至差异较大，这样就会增加内部沟通的成本，也让很多巴长不能将精力用在经营业绩上，导致组织失去战略目标。当然，企业要想管控得当，需要建立管理委员会进行必要的干涉，避免阿米巴在独立运营时偏离企业预设的战略方向。

以上四个切入点关乎阿米巴的核算效率和最终结果，只有将每个部分都做到最优才能避免露出破绽，维系稳定的经营秩序。

阿米巴经营核算方式需要掌握两个组成因素：市场价格要和收入、工时紧密联系，经营状况要和日常支出紧密联系。而内部交易的核算需要一套完整的标准，主要体现在以下两个方面。

一个是收入核算标准。收入包含着外部收入和内部收入。外部收入要根据不同的部门分别列出收入项目进行会计核算，需要注意的是，管理会计和财务会计需要同步处理账务。为了保证数字的精确性要定期对账，确保不出现误差，此外还要进行财务部门管理会计取数。同理，内部收入也要依照不同的部门进行内部结算项目的会计核算，主要是针对企业提供的服务以及产品方，并参照接受劳务和产品方做支付核算，完成内部交易支出的核算任务。在这个过程中同样要建立详细的账目并定期统计对账，不能存在出入。另外在计量收入时，要将全部收入都通过表单来呈现，收入用"金额"表示并以"元"为计量单位，如果涉及数量必须在交易凭证上列出记载的金额与数量。

另一个是费用核算标准。费用责任和主体要遵循对应原则，也就是说，哪一方获得收益哪一方就要相应承担责任。在具体核算时费用通常会分为公司费用、部门费用和阿米巴费用三个部分。当然，也可以按照费用支出的渠道进行划分，比如内部交易支出费用、分摊费用和支现费用等，总之要遵照大家都认同并能理解的划分原则。如果涉及费用分摊，通常统计的内容包括事业部费用分摊、公司费用分摊以及人工费用等内容，阿米巴经营的特点决定了间接部门将独立成为一个成本中心，所以它们产生的公共费用要转嫁到直接部门。

有了相关的核算标准，那么接下来需要敲定的就是阿米巴工时的计算方式，这关乎每个组织成员的切身利益，也影响着企业内部秩序的建立和维系。

要明确的是，阿米巴工时的总时间包括了四个组成部分：正常工作时间、部门公共时间、加班工作时间以及间接公共时间。正常工作时间就是阿米巴在日常经营中，按照规定时间消耗的有效劳动时间，消耗的对象就是生产的产品或者相关服务；部门公共时间就是在日常经营活动中，未能直接消耗在产品或者服务上的有效劳动时间，比如部门会议、打扫卫生或者等待原材料进入等；加班工作时间就是在规定时间以外的、消耗在产品或者服务上的有效劳动时间；间接公共时间是企业经营管理或者其他职能部门在日常经营中消耗的时间，按照事先规定的分摊原则转移给其他各阿米巴的工作时间。

　　无论是对内还是对外的核算工作，都要体现出阿米巴巴长和组织成员的自主权被充分尊重，要有利于阿米巴之间的有效对接，要对企业决策层的统一管理负责，不能违背基本的、被多数人认可的价值观，要相对客观、公正地表现出每个阿米巴的收支情况，从而间接提高企业的财务核算能力，从内部建立对接市场的意识和制度，拉动整体的竞争水平。

阿米巴在中国：画虎不成反类犬

Chapter 8

"削足适履"疼的是自己

— —

阿米巴经营传入中国之后，诞生了一个新名词：中国式阿米巴。它的定义是：以稻盛和夫的阿米巴为精神内核，结合中国企业的特点和文化背景，从内核向外延伸创造出的一种新式阿米巴。实际上，中国企业家都知道，学习稻盛和夫的关键在于他的经营哲学，只有以哲学为根，才能真正领会阿米巴经营的要点，也易于进行合理化改造，否则就变成了邯郸学步，不仅不能帮助企业从困境中走出，反而会起到负面作用。

中国式阿米巴主要体现在战略组织、人才激励和目标核算三个方面。战略组织是阿米巴经营的框架，没有这个框架阿米巴就无法成形；人才激励是阿米巴的精神内涵，不能激发人的主观能动性就是和阿米巴背道而驰；而目标核算是阿米巴实操的方法论，抛弃它就等于让阿米巴形同虚设。

那么，中国式阿米巴和稻盛和夫的正统阿米巴有什么联系和区别呢？

一方面，中国企业与稻盛和夫的企业，在阿米巴的理念上是相同的，都是让拆分出来的阿米巴成为独立的个体并具有相当的领导权，为的是方便给本组织制订计划，发挥个体的优势，让员工从配角变成主角，用企业家的经营思维去思考问题，从而创造出更多的价值。应该说，对理念的吸收是学习阿米巴的先导，也是促进中国企业内部改革的原动力。

另一方面，中国企业在一些实操方法上也沿用了稻盛和夫的思想，无论是组织划分还是单位时间核算，都是实现阿米巴经营的催化手段，特别是打造内部市场更是效仿的重点。因为中国企业普遍缺少活力和动力，让员工自主行动起来才能和国际知名企业接轨，也有助于让企业的管理者密切和员工之间的关系，了解他们的思想动态和能力成长。

当然，中国式阿米巴也有着独特之处，它和"稻式阿米巴"的主要区别在于：中国的阿米巴经营将企业的现状作为切入点，这是受到经营环境和市场规律决定的。毕竟中国市场的成熟度和完善度不能和日本相提并论，而"稻式阿米巴"是将经营哲学作为切入点，以文化为主要手段，这是和日本的经济发展状况密不可分的。另外，中国的阿米巴经营主要是为了让企业增加收入，获得更高的市场回报，让员工的薪资待遇进一步提升；而"稻式阿米巴"的关注点在节约成本上，这是因为日本的商业环境相对中国比较稳定，日本企业的员工待遇也很高且不会再有较大的上升空间，所以日本企业将重点放在了节流上。

中国式阿米巴，是在掌握稻盛和夫式阿米巴的中心思想的基础上，结合企业发展实际情况进行本土化的过程。然而，阿米巴理念被引入中国之后，有一些企业在了解了不少失败案例之后，对阿米巴经营产生了敬而远之、望而却步的心态，认为阿米巴是一个高大上的东西，一般企业玩不转。还有一些人认为，阿米巴经营不适合中国。

阿米巴虽然在中国推进起来并不容易，但并非没有成功案例。比如酒仙网，在 2015 年的时候就正式引入了阿米巴经营模式，实施之后为企业节省了 1 亿元的成本，董事长郝鸿峰颇为感慨地说："要是早点遇到阿米巴，我省下来的就可能不止 1 个亿了。"那么，到底是阿米巴出了问题，还是中国的某些企业出了问题？

阿米巴并没有原罪，想要学习它的前提是效仿者在执行的过程中如何理解其理论的深度含义，也包括了如何理解企业自身的问题。不对阿米巴了解透彻就贸然引入所导致的失败，不能由阿米巴来买单。

首先，阿米巴经营模式虽然要求管理者有较高的素质，但这并不是苛刻地对企业的基础管理水平提出要求。也就是说，阿米巴并不一定非要将经营单位划分到非常小的地步，以此来考验企业统领全局的能力。阿米巴经营模式的核心是提高企业的经济效益，让每个人都成为经营者，依靠一套符合企业自身文化特性的竞争和奖励机制以及独立核算方法去维持运行，这些和企业的基础管理水平没什么必然联系，更多的是能否快速学习新方法论的问题。

其次，阿米巴经营模式对企业的规模也没有必然要求。有的企业认为只有规模过百人甚至上千人的大企业才有必要进行小的战略单位的拆分，其实阿米巴经营不在于将团队细分成多少人，而是在于让每个人都明确自己的责任，建立一个独立的战斗单位。而且稻盛和夫的经营哲学是从心出发，重在意象而不拘泥于形态，能否做好阿米巴经营在于是否让员工从战略战术上形成默契的合作关系。即便一个企业只有十几个人甚至几个人也可以构建阿米巴经营模式。

再次，阿米巴经营模式对企业文化的要求并不高。在阅读了稻盛和夫的专著和传记之后，不少企业家觉得他的思想境界太高，一般的企业不能缔造如此优秀的企业文化，所以阿米巴经营模式很难落地。其实，阿米巴经营模式最考验人的不是它的文化部分，而是人性部分——人心是否聚合。只要企业的组织成员没有过于强烈的利己心态，就能促进阿米巴经营模式在企业内部开花结果，这和是否有先进的文化氛围没有因果关系。当然，推行阿米巴经营模式之后，也许有一部分人的经济待遇有所提高，那么其他同事应当接受这样的现实，而不能以此作为嫉妒对方的借口，要通过和他人配合来改变自己的境况，要学会分享别人的成功经验，这样才能维护个人和企业的利益。当然，企业的管理者应当引导员工爱岗敬业，杜绝攀比、拆台的现象，将主要精力放在如何为阿米巴做贡献上。

最后，阿米巴经营模式并不会让企业内部复杂化。有些管理者担心阿米巴会给整个企业的工作流程带来很大的麻烦，事实并非如此，阿米巴经营只需要在前期铺垫时花费一些心思，当管理者和员工都做好准备之后，阿米巴经营模式只要运用得法就会促进整个工作流程的加快。而且，阿米巴这种从流程上分权的方式，能够避免人为地将一些程序弄得复杂或者简单，让每个参与者根据实际情况调整经营秩序，实现生产力的释放。

阿米巴经营有两大支柱，一个是稻盛和夫的"稻盛哲学"，还有一个就是京瓷的会计学。哲学相当于务虚，会计学相当于务实，而这两门学问都需要员工认真理解和消化，才能齐心协力，推动阿米巴理念不断完善和固化。为此，稻盛和夫给京瓷确立的经营理念是：让员工确保物质和精神同时获得满足并为人类和社会的进步作出贡献。稻盛和夫给了员工待遇并指导他们如何提升自我，这是物质和精神层面的哺育，然而仅仅做到这两点是远远不够的，稻盛和夫还力求和员工永远站在同一条战线上。

2007年爆发了世界金融危机，全球很多企业都大幅度裁员，然而稻盛和夫连临时工都没有裁掉，而是让正式工休息，临时工减少工时但保证基本的生活费，让全体成员都能安然渡过危机。这样切实的保障让员工和京瓷团结一心，员工自然会积极地回报。阿米巴经营的核心不是组织创新，而是"人性的激活"。

在中国，有一些企业引入阿米巴经营模式之后，不仅经济效益没有提高，反而下降，原因何在？难道阿米巴在中国出现了"水土不服"？事实上，这是人性没有被激活的表现。支撑阿米巴运行的有划分系统和定价系统两大内容。所谓划分系统，就是将企业拆分出若干个能够独立核算的小单元，如果不能因为独立核算而产出效益，这种划分就是没有意义的，只能给企业增加负担。有些企业为了划分而划分，结果增加了财务核算的工作量，导致企业管理负担加重，运行效率低下。不过，这并非失败的主要原因。

最主要的原因在于，阿米巴的划分不能让人数过多，否则将失去意义，通常十人上下是比较合适的，因为人数太少不利于发挥团队作用。可是十人左右的组织又面临一个问题：互相监督起来比较困难，不容易发现谁在偷懒、谁在付出，这就对组织成员的纪律自觉性提出了要求。

如果说划分系统只是对人性"基本建设"的考验，那么定价系统则是更高层次的考验。因为有了定价系统，才让阿米巴出现了内部交易市场，这是一种促进各组织提高生产效率和生产质量的策略。虽然在具体定价的时候，有的需要按照成本计算，有的需要根据市场计算，但都有所查证，难就难在有些部门无法找到定价的依据。比如研发、财务、人力资源这些部门，它们不像生产和销售那样可以参照原料成本和市场价格，到目前为止也难以形成统一的意见。这时就产生了矛盾：如果让职能部门的待遇接近生产和销售部门，后者很可能就会觉得自己吃亏；如果让职能部门的待遇低于其他部门，又会造成他们的工作积极性下降，让企业内部的配合出现障碍。

上述讨论的定价是在"和平时期"，如果市场环境进入"动荡时期"，销售品的价格下降了，那么损失由谁来承担？前面我们说过，这需要各个阿米巴之间协调商定，但问题是怎样协调才能让大家都满意？

如果有一方不满意又不肯妥协怎么办？因为这事关员工的切身利益，没有一定的牺牲精神和团队意识是很难达成一致的。而在京瓷，稻盛和夫是通过公司的决策层制定出一套方案，让所有人都信服，这不仅需要领导者的智慧，更需要一种以德服人的人格魅力。这就对企业管理者的个人水平提出了严格的要求。

国内有些企业，因为种种原因，员工与企业总是处于对立状态。为了解决这种问题，海尔打破常规，先行一步。

海尔的 SBU 经营机制（将员工从被管理者变成自主经营的创新主体），让员工对自己负责，重视员工的个性特征和主观能动性。这样才有利于激发他们的工作积极性，所以海尔对待人才的策略是："人人是人才，赛马不相马。你能够翻多大跟头，给你搭建多大舞台。"海尔认为，企业管理水平的高低不在于对员工的行为控制，在于能否为员工创造一个创新的空间。海尔用员工的实际业绩让他们为自己挣得更多岗位，并且划分出优秀员工、合格员工和不合格员工三个等级，在对他们授权之后，员工有机会亲自操刀去做一些决策。

海尔的 SBU 经营机制其实就是从管理心理的角度出发，将每一个员工都看成一个战略单位，一定程度上维护了员工的利益，但是这种机制也存在弊端：员工之间变成了纯粹的交易关系，导致每个人都为捍卫自己的利益和同事作斗争，结果还是不能从根本上将大家团结到一处，因此 SBU 经营机制一直遭到诟病。

海底捞是国内著名的火锅连锁店，员工过万，经营口碑不错，这和海底捞推行的员工奖励制度有着一定关系，他们会挑选出优秀员工，让他们创造的价值被认可。虽然海底捞并没有采用阿米巴经营模式，但是它给予员工充分的授权，让员工能够根据现场和客户的实际情况自主决策，为企业赢得利润和口碑。另外，海底捞对员工的激励机制十分完善，让每个员工都成为一个服务的个体，只要勇于付出和善于创新，收入待遇能够和店长旗鼓相当。

无论是海尔还是海底捞，他们在组织管理方面都和阿米巴经营有着相似之处，那就是看重员工的个体价值的作用，而不是将他们集中到一起，形成一个看似团结却缺乏个性的集体，而这样的组织模式是不利于优秀者发挥个人才能的。当然，国内拥有这样先进管理思想的企业并不多，在大多数企业中，员工的主观能动性依然被严重地束缚着。

简而言之，目前中国社会的浮躁心态培养的是急功近利的思维，这和阿米巴经营模式追求的目标背道而驰，加之某些企业在学习阿米巴时只关注到了皮毛，不容易将它转化为生产力。

导致阿米巴经营模式在中国无法落地的原因有很多，最核心的依然是人性的问题：到底是员工从内心认可这种"舶来品"，还是管理者脑子一热盲目效仿的？毕竟，中国民营企业的人才流动率很高，很少有人会在哪个企业里工作一辈子，所以他们和企业的绑定深度十分有限，想要依靠职业精神和道德品格去约束他们十分困难。没有较高的忠诚度，阿米巴的实施就会如履薄冰，举步维艰。

关于阿米巴经营模式，稻盛和夫也明确指出了一个关键点：领导者必须具备完美的人格，能够约束自我，锻炼自我，对待员工不偏不倚，让员工和企业的利益紧密联系起来，这样才能让员工有风险共担、利益均沾的意识。

稻盛和夫将员工的需求从基本的生活需求提升到了自我实现需求，让他们产生了成就自我和回报社会的欲望和信念，也就有了不用鞭策和驱使就能自主行动的能力。而在中国，能做到这种程度的管理者寥寥无几，能够达到这个层次的员工也为数不多。

当然，阿米巴经营在日本也未能全面铺开，成功案例还是相对较少的，因为它对人性的要求太高了：员工要有高度的自觉性和责任心，管理者要有深厚的修养和人格魅力，无论哪一方达不到要求都会功亏一篑。稻盛和夫如此热衷于研究企业哲学，就是为了让大家先从思想上做好准备，然后才有实践阿米巴经营的空间。

没有哲学做牵引，还谈什么阿米巴

阿米巴经营在中国，已经成了降本增效的代名词，不仅稻盛和夫的一系列专著成了热销品，就连一大批阿米巴培训机构也如雨后春笋般纷纷建立。然而很多机构没有实操经验，甚至连理论也没有真正沉淀成形，让那些渴望着用阿米巴经营模式来获得拯救的企业反而陷入更深重的危机当中，导致一部分企业认为阿米巴害了自己。

我们不必急于分析原因，先回顾一下阿米巴经营模式的成功之处是什么。

阿米巴经营让员工的人生哲学和企业的经营哲学紧密联系在一起，让每个人都是经营者这个先进理念得以实现，当企业的战略目标和员工的个人追求达到一致时，就能让全员团结在一处，站在相同的高度去思考问题。

那么，经营哲学是什么？它是企业特有的从事生产经营和管理活动的基本思想，它由很多经营观念构成，能够指导企业的行为。如果缺乏科学的思想进行指导，企业将在市场环境变化下衍生出的各种矛盾中走向误区，而经营哲学就是让企业避免犯错的核心逻辑。

企业的存在价值是什么？应当是关怀员工、股东和客户，这是一个有着先后顺序的关系，然而很多企业将客户放在第一位，股东放在第二位，员工垫底，其结果就是企业利益第一，决策层或者管理层利益第二，执行层利益第三，这严重违背了稻盛和夫"作为人，何谓正确"的中心思想，作为经营者你并不知道应该把谁的利益放在第一位。

企业没有经营哲学做牵引，也就失去了聚合员工心力的机会。

一方面，经营哲学是企业规划所有员工的基本准则，无论是谁都要严格遵守，而且要在内部明确地作出规定，不能以模糊的、不成文的形式存在。只有员工遵守基本的做人准则，才能创造出优质的产品，才能以诚信的态度面向客户和市场，企业才拥有增收业绩的新台阶。

另一方面，经营哲学可以让企业增强"幸福指数"。员工的幸福也是企业的幸福，任何一个经营者都应该让自己的企业基业长青，带给员工、股东和客户以幸福感，要满足他们日益变化的物质需求和精神需求，而阿米巴经营就是实现这个目标的绿色通道。阿米巴经营能够帮助企业构建科学的管理体系，将组织机构细化，让财务管理数据化，通过经营哲学的传递让企业责任最大化，让企业关系链条上的每个单元都能满足需求：员工的待遇需求、客户的体验需求、股东的回报需求、社会的公益需求等，最终营造合作共赢的气氛，提升企业品牌的内在价值。

事实上，中国企业和日本的企业存在着诸多方面的不同，这些都是推进阿米巴经营模式的障碍，也是被很多企业管理者所忽视的问题。

其实，阿米巴经营模式本身是不分国界的，只是需要因地制宜，需要每个中国企业根据自身的经营现状、文化特征进行改造，寻找具有针对性的策略，这才是学习阿米巴的正确态度。稻盛和夫本人也多次来到中国演讲，希望他的经营理念能够在中国广为传播，很多企业家也从情感上和理性上愿意学习，但是需要解决一些现实问题。

第一，培养人与人之间的信任关系。这主要体现在上下级之间、部门和部门之间以及管理者和员工之间的关系上。阿米巴经营模式就是一个在修正中不断完善的经营机制，看重的是团队互助与合作，而这不仅需要足够的信任感，更需要工作友谊来支撑，才能升华为经营哲学的境界。

第二，加强企业管理机制，尤其是财务系统的完善。因为独立核算是阿米巴运行的基础，想要一步到位是不可能的，必须循序渐进地推动，才能让员工真正培养出阿米巴式的经营者意识和大局观念。

第三，提高思想武装的程度。没有形成中国化的阿米巴思维，单纯依靠物质刺激、画大饼等方式，是无法推广阿米巴经营模式的，也无法培养出适合阿米巴经营模式的专门管理人才。这需要企业自上而下地建立一套完整的思维改革方案，不能单从技术层面切入，要从思想意识上逐步演进，防止员工的思想出现波动、认识出现偏差，员工从意识深处接受才是阿米巴的核心理念。

归根结底，阿米巴经营模式的推广需要细心、耐心和真心，而不是头脑发热地学习皮毛，要找到适合自己的正确方法，否则就会造成"画虎不成反类犬"的尴尬局面。

战略不统一，失败就毫无悬念

— —

一个人要想成就自我，必须要为自己制定一套学习、磨炼、成长的人生规划书。同样，一个企业要想有所作为，也要制定一套目标清晰的战略规划书。没有明确的市场和行业定位，企业就很难保持稳定的发展。战略定位包含着企业的产品、形象以及品牌等元素的总体规划，是一种对消费者消费行为的预估，能够帮助企业进行有利的决策。比如企业经营的主业务是什么、企业怎样创造价值、企业怎样与竞争对手抗争以及企业的目标人群是什么，只有搞清这一系列概念，才能让企业在未来的市场竞争中不至于落败。

现在的情况是，一些企业并不看重战略，认为这是"虚而不实"的，战略不能带来利润，只能束缚自己，即便制定出来也很快会被推翻。还有一些企业也算重视战略，但把战略定位得过于虚化，没有明确的目标而只有一个美好的愿景。

颇具讽刺意味的是，正是这些对战略认识不足的企业，贸然引进了阿米巴经营模式，他们没有考虑到阿米巴是一种精细化的运营模式，需要将企业的大战略和小规划结合在一起，结果造成了理念上的脱节。事实上，那些成功效仿了阿米巴的企业，并非从阿米巴经营模式中抽取一部分贴在自己身上，而是以它的核心思想为依托，结合自身的现状去执行的，遵循着严密的经营逻辑和战略思想。比如韩都衣舍的小组制，它虽然不是真正意义上的"稻式阿米巴"，但是能看出师从了它的某些精神内核。

导致阿米巴经营在一些企业落地困难的重要原因，就是战略原则的割裂：有的企业重视财务管理，就单单学习了阿米巴经营会计；有的企业重视组织架构，就只对员工进行了简单的拆分却不做历史数据的收集与分析……这种"择优学习"的方式造成了盲人摸象的尴尬场面——大家都学习的是残破不全的阿米巴经营模式。还有一种情况是，有的企业虽然全盘吸收了阿米巴理论，然而在执行的过程中有偏有向，不能齐头并进，导致整个体系的不平衡。另外，也有的企业在推进速度上过于求快，没有循序渐进地推动，让员工没有做好思想准备就分出了若干个小集体，使得各个阿米巴之间的配合度严重不足。

目前中国企业存在的一个现象是，越是规模小的企业集权程度越高，什么决策都要老板来决定，这也从侧面证明了为何这些企业难以做大，因为没有广开言路，缺乏民主精神。所以对中小型企业来说，阿米巴经营是迫使决策层放弃一部分权力的最好办法，要尽量通过思想、文化去约束员工，而不是依靠权力和制度，这样才能从根本上让员工与企业同心同德，再辅之以必要的监督与审核机制，就能让整个阿米巴系统充分整合。

阿米巴经营是医治企业现存弊病的改良药方，也是企业在内部培养人才的理论体系。一些企业经常出现人才青黄不接的情况，就是因为没有做好人才储备工作，常常是一个领域只有寥寥无几的少量精英，忽视了对其他员工的培养。当精英跳槽之后企业就会遭遇人才断层的窘迫局面，影响企业的正常经营秩序。从长远战略的角度看，企业只有在日常工作中不间断地培养人才后备梯队，才有能力和信心抵抗市场环境的变化。那么，如何达到这个目标呢？一方面要通过阿米巴经营去历练每一个员工；另一方面要用经营哲学去填充企业文化，也就是说要遵循组织战略和思想战略的同步，二者缺一不可。

战略是企业规划自我、谋划未来的基础。战略的不统一是引进阿米巴经营模式失败的主要原因，它的根源在于没有认清阿米巴经营的全貌，总是带有强烈的目的性去学习其中的一个分支，造成了理念的残缺和制度的混乱。解决这个问题的最好办法就是先吃透阿米巴的经营哲学，用统一的思想认识去推进每个执行步骤，这样才能避免片面地借鉴阿米巴的理念，从上至下、从内到外构建一个完整的理论体系和制度框架。

阿米巴经营是在大变革的时代背景下的自我改良，是从多个维度切入的理念更新，企业要想真正发挥它的作用，就要保持不急不躁的心态，用辩证思维去实操，这样才能让阿米巴经营形成有机的整体，而非一块只有实验价值的"试验田"。

一方面，企业要有大局观，要将所有的部门看成互相联络的整体，而不是几个独立部分的合集。生产和销售要有联系，设计和研发要有交集，人才培养和利润增收要有因果关系……只有抱着这种态度引进阿米巴，才能让企业变得更有活力，才能用统一的战略思想全面操控。改革对企业来说是要经历阵痛的，这个阵痛会考验企业的信息获取与传递的能力，会考验人力资源的整合利用能力，会考验外部环境的解析和控制能力，会考验未来风向的预测和抵抗能力……没有统一的战略原则做指导，让每个部门各自为战，就无法完成系统化的改造升级。

另一方面，企业在推进阿米巴经营模式之前，要对内部存在的弊病进行全面的诊断，不能"头痛医头，脚痛医脚"，忽略了问题的根源。很多时候，企业的衰退往往源自一个战略目标的错误制定，只有找到病灶所在，用统一的治疗方案去治愈，才能将企业从落败的边缘拯救回来。

中国需要阿米巴

— —

现在，中国很多企业规模越来越大，经济效益也越来越高，然而暴露出的问题也越来越多。据统计，中国的世界 500 强企业的平均寿命只有 23 年，而且无论从人均利润还是净资产等方面来看，国内的一流企业在国际上只相当于模范企业的一半甚至四分之一。

国内企业目前面临的问题是：企业发展到一定阶段，必然要遭遇上升空间的阻碍，这并非触及了行业的天花板，而是企业自身遇到了发展瓶颈。这主要包括三方面内容。

第一，无法扩大企业规模。

国内很多企业经历了跑马圈地之后，员工数量增加，业务范围扩大，伴随的却是经营效率的下降。由于缺乏良好的内部沟通机制，员工与员工之间、部门与部门之间的协作效率降低；生产线的扩大，又造成了工序增多、设备增多以及随之而来的互动成本增加，这在无形中吃掉了一部分利润，造成企业利润减少，甚至使企业因为盲目扩大生产而偏离了业务的主航道。这些因素都限制了企业规模的持续扩大，更不要说产业升级和内部优化了。

第二，对市场的敏感度下降。

国内的一些企业民主氛围较差，加之决策层独断专行、闭目塞听，导致企业内部的工作氛围很差，往往是以计划生产的方式替代了订单生产，或者是不能准确地把握用户的需求，生产出一些"鸡肋"产品，导致品牌美誉度下降，越来越脱离市场的实际需求，让企业错失发展良机，直接影响到经济效益。

第三，对内部矛盾的解决能力不足。

国内企业在初创时期，由于人数较少、危机感较强，管理层和执行层之间往往能够形成密切的战斗关系。然而在企业达到一定规模之后，管理层和执行层之间的信任感逐渐弱化，加之部门增多，中间环节冗余，又造成信息传递的不畅，直接影响了上下级的有效沟通，造成了下级对上级不信任，上级对下级不关心。另外，新员工的不断涌入，冲淡了执行层对管理层的忠诚度，内部纠纷时有发生，而管理者又拿不出有效的解决方案。

归根结底，企业规模扩大带来的后果是人力资源管理的困难增加。因为缺乏相应的量化标准，企业在定岗定编的时候只能通过谈判的方式。这种方式虽然简单直接，但容易犯主观错误，对员工作出不合理的判断，造成人力资源利用效率的降低。因此，企业的交易成本持续增加，整个系统的运营状况持续恶化，企业的管理者往往陷入两难的境地：想要管理却担心引起员工的反感，不管理员工又会各自为政，似乎从哪个角度看都会让企业走进死胡同。还有一种情况是，员工的薪资待遇提升了，他们的工作积极性却没有同步跟上来，反而会对企业提出更高的要求，也无法起到传帮带的作用。有的管理者认为这是员工的基本素质不够，其实不然，这是员工自身的价值没有得到实现，他们无法在精神层面获得满足，就只能暂时将目光集中在物质层面。

基于现状，国内一些企业引入阿米巴经营模式，也是一种自救的方式。特别是那些规模扩大之后的企业，管理者精力有限，将组织拆分可以帮助他们获得更多的思考空间，也能让员工从参与者和经营者的角度替企业思考问题，激发整个团队的工作热情和创造力。

中国制造在高速发展之后，已经暴露出了野蛮式增长的负面影响，随着国际化脚步的推进，中国企业将会遭遇越来越严苛的国际相关法规的束缚，如果不从组织内部进行变革，上升通道必然受阻。尤其是能源消耗较大、环境污染严重、产品质量参差不齐等情况，都从客观上对中国企业提出了更高的要求。从这个角度看，中国企业比其他国家的企业更需要阿米巴经营模式。这主要体现在三个方面。

首先，中国的员工失落感较强，他们需要企业为他们注入一种精神动力，驱使他们不断挖掘自身的潜力。他们也有着更强烈的当家作主的愿望，一旦赋予他们适当的权利，必定会涌现出一些优秀分子。

其次，中国企业目前所处的战略发展态势，需要一种先进的思维来对其进行指导，这也是很多不甘于落后的企业管理者的强烈诉求，所以当他们能够从阿米巴经营中找到可以借鉴的思想成果时，他们会更愿意吸收并转化为企业自身的战斗力。

最后，阿米巴经营模式能够让国内市场的竞争秩序呈现新的态势，即企业之间的竞争转变为企业内部的竞争和企业间的合作，从而促进行业的资源整合和标准化，对恶性竞争有一定的抑制作用。

除了上述三点原因之外，中国目前所处的时代背景也需要阿米巴经营，因为当今时代需要的是新的业态模式和新的用户类别，这些都需要构建新的产业经济作为满足需求的基本条件。而阿米巴经营正是促进这个升级过程的催化剂，代表着时代发展的趋势，这对于徘徊在十字路口的中国企业来说尤为重要，它可以发挥三大作用。

第一，企业权力的调整。

互联网时代需要的是去中心化和个性化，而阿米巴经营模式正迎合了这个基本需求，能够让员工从单纯的执行者变成决策者。他们会更不遗余力地挖掘客户的潜在需求，制定具有针对性的经营策略，帮助企业建立差异化竞争优势，这也是当今人们热议不断的"大市场、小职能"的管理破局。

第二，企业组织形态的变革。

互联网要求的是高效率，而庞大的组织机构不利于信息的传导，在应对市场的反馈速度上也显得迟钝。只有将整体拆分成若干个小组织，让每个阿米巴的天然活性与市场高度融合，才能重新打造更符合时代标准的组织架构。而且，阿米巴的扁平化管理容易让传统的集权制和独裁制得到弱化，让权力分散、民主集中，确保企业内部和谐，形成人人追求卓越的良好氛围。

第三，观念的更新。

互联网思维要求传统企业突破旧有观念的束缚，将经营的重点回归到被人们忽视的本源上——人。互联网营销的是人性，阿米巴经营的是人心，只有创造出独立的经营个体，才能凸显出人的价值而不是企业的价值，这是大环境下的一种必然选择。过去，企业重视的是"人才"而不是人，而人才的数量永远是稀少的。企业中更多的成员无法成为顶尖的精英，但是不能因此忽略他们，而是让他们依靠经验和熟练度强化对某项工作的创造能力，即便不能产出绝妙的创意，也能让他们最大限度地发挥个人能力，体现他们的价值，让他们以更高的热情参与到企业的经营活动中。

时代选择了阿米巴，而大多数企业也面临着新产业模式和新经济形态的影响，这是一个大的不可违抗的时代背景。除此之外，员工也被看成新的职场力量，要求管理者从根本思维上进行转变。

首先，企业的管理模式要遵循去中心化，抛弃传统的对中心和重点的定义，转而将注意力集中在每一个独立的个体身上，在管理员工的时候不要抹杀他们的个性，而是要用集体主义的思想去发扬他们的个性，让他们的才能围绕着利润去展开。

其次，企业的"神经反射链条"要发生变化，要摆脱过去那种落后的、循规蹈矩的反馈模式，要加快响应速度，让每个员工都动起来，让每个部门都活跃起来，这样才能更好地应对千变万化的市场，最终重新铸造组织模式。

再次，企业要摒弃独裁的集权体制，不能让几个创始人或者精英分子独断专行，他们的观念即便现在十分先进，也不意味着在各个发展阶段、各种不同的环境下都能保持优越性。要让权力分散，也要让压力分散，特别是让长期工作在一线的基层员工享有一定的话语权，这样才真正贴合时代精神。

最后，要颠覆传统的经营观念，企业要做的不是去寻找人才，而是培养人才，让每一个员工都变成精英，借用他们的经验和才智强化企业的市场竞争能力。

归根结底，阿米巴经营模式是互联网精神的具体化：开放——打破传统的组织架构模式；平等——让每个人都成为企业的管理者；协作——各个阿米巴要在维护自身利益的同时兼顾大局；快速——用高效率的生产模式适应市场；分享——阿米巴的经验和资源共同使用。它将效率视为利润的产生点，让人才成为效率的增长点，让内部市场去配合甚至引导外部市场，让陈旧的观念在生产关系的变革中重构。

中国企业要想进行升级和转型，必须要确立正确的价值观念。这种观念不是研究如何让企业最大限度地获利，而是让企业抛开商业利益的动机，以强烈的社会责任感作为基本思想，谋求企业和员工的共同进步。换个角度看，中国的一些企业目前缺乏的是一种工业精神，也就是将产品做到极致的态度，这种态度的缺失反映的是企业灵魂的缺失。一个不能产出优秀产品的企业是失败的企业，一个没有掌握核心技术的企业，注定无法在残酷的市场竞争中存活下来。

从理论上讲，阿米巴经营能够促进中国企业从单纯的市场竞争变成一种思维竞争，从被动的生存需求转变为主动的修炼需求，让产品成为精神成果的载体，才能真正完成从内到外的蜕变。

活学活用不是乱学乱用

— —

在日本，阿米巴经营模式不仅是一种成功的组织机制，也是一根强悍的救命稻草。稻盛和夫利用它拯救了濒临倒闭的日航，由此名声大噪，所以吸引了不少中国企业学习其中的奥妙，然而尴尬也随之而来：一方面是众多企业家崇拜稻盛和夫，一方面却是交了惨不忍睹的成绩单。有人说是水土不服，有人说是学之皮毛，那么阿米巴到底能否被中国企业借鉴呢？

稻盛和夫是技术员出身，自然具有一种工匠精神，但他并没有将主要精力用在如何提高匠人技巧上，而是不断磨砺匠人之心。这就让他明白一个道理：决定企业前途的不是资本和技术，也不是高层管理，而是工作在一线的员工。每一个员工只有具备了匠人之心才能学以致用，才能将技术融入产品中。工匠精神是稻盛和夫创建阿米巴的精神内核，所以他要将宝贵的人力资源化整为零，用小团队配合、内部交易的方式让匠人精神流动起来。

阿米巴首先不是一种理念，而是一种精神和素养，不是让员工从思想上接受它，而是从精神上具备接受它的心理基础。这是一种底层建设，而不是头脑风暴。纵观国内，很多学习阿米巴的企业都是想走捷径，仅仅是将阿米巴当成一种工具，却忽视了一个重要问题：不是谁都能玩得转的。

与之对应的是走向极端的另一类人，他们倒是重视阿米巴的精神内核，试图让稻盛和夫的某些经营哲学本土化。这种思路原则上没有错，但是过于集中到精神层面而忽视了技巧层面，会使阿米巴经营模式在后期落地时产生一系列问题。

无论是怀着何种心态去学习，很多中国企业犯的错误是出发点不对，没有结合自身的实际情况，导致出发点和最终目标不统一。实际上，将国外的先进管理机制引入国内，应当秉承活学活用的原则，而不是乱学乱用。阿米巴在日本获得成功，这是和日本的国民素质和经济文化相匹配的。日本经历过薪资待遇调整，员工工资很高，失业率很低，由此形成一种有趣的现象：终身留在一个企业里很容易，但是离开这个企业再就业并不容易，因为其他企业也很少有人员流动。这种天然的绑定关系让员工和企业的关系更亲密了一层，他们愿意拿出更多的精力去改造企业和完善自我。

相比于日本，中国是发展中国家，员工工资普遍不高，地区差异性较大，导致人员的流动性较大。所以中国员工面临的问题是：想要跳槽找一个新工作很容易，但是加薪就比较困难，员工和企业的绑定程度不深，一言不合就辞职的情况屡见不鲜。同样，企业的管理者也不认为哪个员工愿意在手下干一辈子，所以也懒得用重金聘用的手段挽留，往往是能用一天是一天，这种现象很难让双方在企业管理问题上形成一致的观点。

中国企业内部环境的特点，让员工很难保持一颗匠人之心去工作。没有了匠人之心，阿米巴就失去了锻造之魂，在底层建设严重缺失的情况下，企业引入阿米巴自然就是乱学乱用了。其实，要解决这个问题，首先要提高员工的薪资待遇，不是说超出同行多少倍，起码不能在行业垫底，这样至少能留住大部分人，让他们沉下心来关注自己手头的工作和自己掌握的技能。

当然，除了适当提高薪资待遇之外，还要为员工做精神上的引导。因为人员流动率降低了，员工对企业文化的接纳程度也就高了，这时候才能传递经营哲学。有的企业学习阿米巴，让新入职还没过试用期的员工也跟着学习，他自己都不确定是否要留下来，怎么可能吸收得好？

归根结底，中国企业不是不能学习阿米巴，是要做好底层建设，从物质和精神两个层面入手，在企业内部甚至是行业内部树立一种正确的价值观念，这样才能与先进的组织管理模式相匹配。

一些东施效颦的引入阿米巴的中国企业，大多数缺乏一种创新精神，其思维方式在某种程度上并没有从"中国制造"转变为"中国创造"，那种一门心思想要快速致富的观念无疑和阿米巴是背道而驰的。

乱学乱用的本质问题是企业没有将重点聚焦在阿米巴的精神内核上，没有为员工提供一种主动思维的环境和推动力，特别是在管理制度、经营观念相对落后的情况下，很容易将阿米巴用在了错误的时段或者错误的部门。

稻盛和夫在中国确实有很多追随者和效仿者，然而一到实践阶段，阿米巴经营模式就上演了一出"变形记"。有人认为，稻盛和夫的经营哲学堪称完美，但是在中国的实际环境中很难操作，这种观点看到了中日两国在经营大环境上的差别，但归根结底还是"软"环境相差过大。还有的企业管理者认为阿米巴的理念是在作秀，不如多发给员工工资，这又是对阿米巴理解的不够透彻：稻盛和夫从未将物质奖励当成激励员工的主要手段。

有一位国内的企业家说，中国的企业家像儿童，看到什么好玩就玩什么，看到什么热就去学什么，学完用一阵子，感觉没什么效果，就丢掉了。和中国的企业家相比，日本的企业家更具有成年人的思维，只要认准了一套思想就会坚定不移地去实践，发现问题会及时修改并反思，最终让这个理念得到实现。正是这种务实、钻研的精神，让他们最终发现了真理，而很多国内的企业家渴望得到的只是速成法。

稻盛和夫在执掌日航的时候，为了让日航吸纳阿米巴经营模式，也经历了一个探索的过程。日航的员工并不是一开始就能接受这种理念，他们多次和稻盛和夫争论，而稻盛和夫也不断地说服教育他们，最终让他们转变了思维，认可了阿米巴经营模式，和稻盛和夫一起并肩作战，将濒临绝境的日航拯救过来，成为世界级的名企。

有国内的管理者吐槽：苹果强大我们学苹果，三星起来了我们又学三星，现在发现稻盛和夫好像是最厉害的，我们又向他学习……中国企业到底应该向谁学？其实，世界上永远不缺好的想法和案例，缺的是认真对比和加工改正的态度，照搬照抄阿米巴经营模式，只能将这个原本闪耀着人性光芒的理论乱用一气，不仅无法发挥它本来的作用，反而会给企业带来致命的危害。只有戒骄戒躁，勇于尝试，才有将"舶来品"扶正的可能。

中国人喜欢向国外学习先进的管理经验，但有不少企业的管理者浅尝辄止。从无处不在的 OKR（英特尔公司发明的目标与关键成果法，是通过明确和跟踪目标及其完成情况的管理模式）到人人口中的阿米巴，来自欧美或者来自日本的理论都被一并引入，企业的管理者之间还会就此展开经验交流，分享各自落地的经验和心得。原本有些管理者对阿米巴没有什么兴趣甚至一无所知，但是在身边人的带动之下也被迫去学习，有些人甚至被洗脑，不管是否具备了实施条件都强行推广，呈现出一种中式的学习热潮。

那么，这些"虔诚"的学习者们都是如何运用这些管理经验的呢？客观地说，一些企业也不是抓过来就用，也参加了一些所谓的阿米巴落地服务培训，甚至有些近乎手把手似的指导，然而结果却让人大跌眼镜。

据说，有的企业在参加培训之后，马上对生产系统进行拆分，把一个大工厂变成了多个阿米巴，也依样画葫芦地按照工序进行拆分，然而在进入内部定价阶段的时候，由于采用了并不科学的定价机制，各个系统之间产生了严重的利益摩擦，特别是上下游之间的阿米巴，矛盾激化到了顶点，导致企业在核算阿米巴的收入、成本、利润时变成了"吵架大会"。更有甚者，在掌握了一定的自主权之后，利用职务之便向客户泄露产品成本，扰乱了企业正常的经营秩序，让原本旨在团结协作的阿米巴变成了互相争夺利益的对立组织。即便如此，有些企业的管理者仍然不轻言放弃，亲自调解纠纷，结果耗费了大量的时间和精力，不仅没有让内部重回团结状态，反而给了竞争对手趁乱取胜的机会，丢掉了曾经固守的市场，而员工们也在一次又一次的利益纠纷中离心离德，工作热情直线下降。

失败的案例不胜枚举，国内的一些论坛上也常有吐槽的声音，很多人都在质疑阿米巴是否适合中国的国情：如果具有普适性为何中国搞不起来？如果不具有普适性，那么它还算不算一个优秀的理论？

中国没有成功的案例吗？当然有，像华为、中兴、格力、海尔这些行业巨头，都在接触或学习阿米巴经营理念，只不过在具体操作的时候没有完全按照京瓷的经验，比如华为的"铁三角"和海尔的"人单合一"都可以看到阿米巴的影子，这些企业提倡的也是全体员工自主经营，只是他们没有贸然打出阿米巴经营的旗号而已。

其实，有些企业之所以将阿米巴经营搞砸了，无外乎是在具体操作时出现了问题。比如没有将企业的信息公开化，让上下级和各部门之间存在着信息不对称的情况，导致了员工和员工、部门和部门、上级和下级之间没有在透明的交互基础上沟通，造成彼此的不信任。所以当发生利益冲突时，人们本能地会先考虑个人利益，其次才是他人和集体的利益，这从哲学层面严重违背了稻盛和夫的"敬天爱人"和利他精神。造成这种现象的原因主要在于，有些企业的管理者担心信息公开会泄露商业机密，也不便于对员工进行绩效管理，这是传统经营模式下的一种固化思维，可以理解，但确实给阿米巴经营模式的推广带来了严重的阻碍。当然，企业的管理者也不必为了公开信息而毫无保留，要懂得如何筛选信息，这样才能使一些有用的信息透明化，提高员工的工作效率。

除了在工作方法上犯错之外，还有一些失败的案例源自管理者对阿米巴经营模式的盲目迷信，认为只要推行了阿米巴经营模式就能变成效益第一的企业。在这种错误理念的带动下，管理者不去深入研究阿米巴经营中的细则和思想基础，反而过早地去预测结果，导致在具体执行时发生了偏差，加上对偏差认识不足，误以为这是必然经历的过程，结果小问题不解决变成了大问题，最终一败涂地。

企业的管理者要用平常心去看待阿米巴经营，要明白中国企业接受这种先进的管理模式需要一个消化过程，尤其是不同行业要进行本地化处理，不能掌握了几条理论就欣然上马。如果不能经历一个良性循环和科学沉淀的过程，阿米巴经营模式就会像一剂过量的麻醉药加速企业的衰亡。

还有一部分企业的管理者，没有像稻盛和夫那样看重自身素质，而是天真地认为阿米巴经营模式能够将员工和老板都改造成行业精英，却忘了阿米巴经营模式本质上只是一种方法论，如何使用要看掌握在什么人手中。事实上，引进阿米巴对企业来说只是一个开始，并非一劳永逸的投资，企业要在生产经营中不断优化和固化，才能发挥出它的真正功效。而且，推动阿米巴在企业全面开展，需要管理者在前期工作中投入相当的精力，而不是将一切棘手的问题都推给手下，这样只能让员工对阿米巴经营模式失去应有的重视程度，也无法在实操中发挥阿米巴经营模式的优势。

当然，更多的企业管理者习惯用生搬硬套的方式，因为他们习惯了固守传统观念，在学习新生事物时懒于思考，不懂得变通与调和，也就让阿米巴经营与中国企业的现状不相匹配。归根结底，对任何一个企业来说，做好充足的准备才具备实施阿米巴经营模式的土壤，否则它只会变为反噬企业的罪魁祸首。

阿米巴的本土化：实现完美落地

Chapter 9

阿米巴是一种"慢性药"

— —

阿米巴经营并非简单的"量化分权"或者"精益管理",它是一个看似简单实则设计精细的先验性思维,它关注的重点在于效率和人心。效率决定着企业的经营业绩,人心决定着企业的经营秩序,好的秩序才能产生好的业绩,好业绩也会促使员工提高工作积极性,这是一个既有交互又存在着因果联系的逻辑系统。

阿米巴不是急救药,不能等到企业病入膏肓的时候才想起它,应该说它是一种"慢性药",只有在经年累月的作用下才能实现成果的最大化。同样,它也不是一种简单的利润管理方式,而是一种看似专注利润实际作用在人力资源的特殊方法。最重要的是,阿米巴的实施有着一定的客观条件,这些条件构成了它的总基调。

首先,企业必须要有规范的流程管理。

很难想象,一个管理秩序混乱的企业,突然某一天要推行阿米巴经营会是什么样子,其结果只能是加速企业的衰落。因为企业一旦被拆分成小单元,每个人都会为个人利益不顾一切地损人利己,这是长期缺乏秩序、法规和流程约束的必然结果。所以,阿米巴经营离不开良好的企业文化氛围,简单地说,就是一件寻常小事能否在企业内部顺利完成。比如一个员工的出差报销,如果经过多人审批或者多个环节才能完成,这样的企业再细分出若干个小组织之后,工作效率只能更为低下,所以日常工作的流畅度是流程管理是否科学与良性的重要标志。现代企业需要的就是一种高效的行动节奏,这样才能在多个小团体并行的前提下依然保证速度，避免因流程烦琐造成资源内耗过大。想要克服这种障碍，只有加强日常工作的精细化管理才最有效果。

其次，企业必须要有精确的量化思维。

阿米巴经营会计是其实现的必要手段，也是稻盛和夫对传统财务管理的突破式创新。而经营会计需要的正是精确的量化思维，需要将一切工作转化为可以评判和比较的数字化标准，这样才能对每个阿米巴进行评估，也能让企业的决策层及时调整经营策略和战略布局，否则面对一些模棱两可的数字，只能得到不够严谨甚至是严重错误的结论，误导企业的发展思路。现在有些企业一没有长远计划，二缺少数据采集和储备，无法及时地获得有价值的信息，那么即便建立了阿米巴模块，也无法让这些小组织马力十足地开动起来，更无法建立有效的横向联系。归根结底，量化思维是一种精确化工作方法的核心，也是一种务实精神的体现，缺乏这种思维基础，阿米巴经营也无从谈起。

再次，企业要有公平的管理机制。

阿米巴经营的是人心，锁定的是利润，那么如何将人心和利润有机整合在一起呢？必须要有公正透明的管理制度，这样才能培养员工和企业凝聚一心的工作氛围，这也是拉近管理者和执行者关系的最佳方法。一个只知道向员工要业绩的企业，维系的只是一种雇用关系，一旦企业遭遇危机，员工必定弃企业而去。反之，员工出现了失误，企业也不会报以宽容，双方在一种纯粹的利益关系中无法互相信任。相对地，员工在这种氛围下工作，也不可能倾尽全力地发挥个人才能，他们只会谋求从企业中获得短期的、可见的利益。让他们参与阿米巴经营，只能打造出一个利益至上的内部市场，无法顺利地和外部市场相匹配，更无法被决策层所调控，企业的管理制度会在无形中逐渐瓦解。

最后，企业要拿得出让全体员工都信服的奖励制度。

现在很多国内企业采用的奖励机制，大多数是以提成的形式存在，也就是员工多劳多得。这种激励方式从逻辑上看没有问题，然而在实施阿米巴经营之后，员工手中掌握的数据和权力相比过去扩大了，受到管理层的束缚缩小了，那么一定会不遗余力地为自己谋求利益的最大化，这从长远来看不利于阿米巴的成长；另一方面，这种单纯的物质奖励只能让员工在行动目标上和企业保持大方向的一致，却不能在精神上驱动他们和企业同心同德，即便灌输给他们经营哲学也不能让他们从内心深处接受，长此以往，必定会给阿米巴的前途埋下失败的伏笔。综上所述，最佳的方法可以是精神激励或者配合积分制的奖励，避免直接用物质去刺激员工从而形成唯利是图的工作氛围，应当让他们既能享受到效率提升后的现实利益，又能接纳企业输出的哲学思想。

除此之外，还有一个因素不能忽视，就是企业的管理者要对阿米巴有信心，必须抱着"用者不疑，疑者不用"的态度。既然接受了稻盛和夫的管理思想，就要全面吸取它的理论体系，要相信阿米巴经营最终会给企业带来好的变化，这样才能在较长的时间内说服自己和员工，避免在实施时发生错位。换句话说，企业的管理者如果没有一定的风险意识和抗打击能力，贸然引进一种全新的组织方式很难保证不出问题，而一旦出现问题就会给企业未来的发展道路蒙上阴影。

在采用阿米巴经营策略之前，企业必须首先学会审视自我。企业的管理者也要平心静气地问自己："我是不是已经做好了实施阿米巴经营的准备？我的员工是不是从情感上接受了阿米巴经营模式？"只有获得了肯定的回答，才能证明这不是冲动而为的决策，才能提高阿米巴经营模式在中国企业的存活率。退一步说，如果不能得到肯定的回答，那么企业管理者还要思考一些问题：如果采用阿米巴经营模式失败了会怎么样？会重新尝试一次还是恢复到从前，该如何向员工解释？

事实上，阿米巴经营思维的确立，是一种理念上的颠覆，而不是一种方法上的创新。它不要求实施者有多么强大的操控能力，关键在于是否具有活跃和先进的思维，管理者如果不能从根本上认可它，无论怎么实践都会走上歧途。

阿米巴的经营会计是阿米巴经营模式的标尺，虽然听起来高大上，但并非遥不可及，它本质上就是一种数据采集和分析的全新尝试。企业并不需要从概念上将其吃透，而是将概念拆分，分别做这两个重要的组成部分，这样就从客观上接近了阿米巴的理念。正如稻盛和夫所说："经营者懂会计，平时就能指导财务人员，只有经过这样的努力，经营者才能实现真正意义上的经营。"

想要尝试阿米巴经营却又顾虑重重的企业，不妨在企业内部设立一个试点，比如选择一个对日常经营影响不够严重的、试错成本较低的部门进行，选出一个精明强干的负责人做巴长，再挑选综合素质偏上的员工组队，然后按照阿米巴的普遍原则让其自主运行。经过一段时间的观察和分析后，评判其存在的价值和意义，也可以通过和参与者的沟通来了解他们在阿米巴中的实际感受，这样就容易得出一个相对科学的答案，从而判断是否继续在其他部门推行阿米巴或者要修正哪些内容。如果遭遇了严重的失败，试点就要立即叫停，管理者要努力寻找原因并进行反思，确定问题出现在什么地方，不能简单地甩出一句"阿米巴不适合中国"这样不负责的言论。

阿米巴的总基调其实就是稻盛和夫哲学思想的提炼，只要吃透了稻盛和夫的哲学体系，就不难理解其蕴藏的内容。无论是管理者还是执行者，都要从心理上肯定阿米巴经营的积极性，而不能抱着怀疑的心态把它当成试用工具，要尽可能地相信它所产生的正向作用并以此激励自己和其他团队成员，这才是阿米巴经营的正确打开方式。

用燃烧的激情去"通关"

——

任何一个企业都不能缺乏激情，而阿米巴经营模式就是为了点燃员工的创业激情，让他们从一个打工者变身为一个经营者，有独立的思考能力和相对更高的决策权，用强烈的个体意识唤醒努力奋斗的激情。

稻盛和夫说，他的企业就是他生命的延续，他们可以生病，可以发展缓慢，但是永远都不能没有活力，因为一旦失去了活力，他们就都成为一具没有未来的行尸走肉。

1975年，京瓷和松下、夏普等10家公司成立了合资公司JSEC，稻盛和夫出资高达51%。成立这家公司的目的是开发太阳能电池技术，不过股东过多导致矛盾很大，让JSEC长期处于亏损状态，公司从上到下都缺乏激情，为此，稻盛和夫想要将阿米巴经营注入JSEC之中，却未能正式实施。直到1980年，JSEC亏损严重，彻底解散。然而稻盛和夫没有放弃初始的目标，在京瓷成立了太阳能新能源事业部，亲自发展太阳能电池应用产品事业。为此他亲自调任手冢博文担任新的阿米巴领导人，并与之共同制定了发展策略：向发展中国家捐赠太阳能发电系统以及进行日本边远地区的电源开发，从而获得政府的资金补贴。

1982 年，京瓷在巴基斯坦附近的村庄建立了太阳能电池，让村民喝上了地下水并有了电灯照明。在竣工仪式上，稻盛和夫对员工说："你们给村民的不是糖果的甜美，也不是鲜花的芬芳，而是光明，你们在他们眼里如同伟大的神明，因为你们给他们带去了光明，改变了他们的生活。"

稻盛和夫的这番话让参与此项工程的员工激情迸发，他们都意识到了自己的重要性，员工们回到京瓷之后，浑身上下的能量都被释放出来，每个人都认为开发太阳能电池是一项造福社会的大事。

1983 年，京瓷的太阳能电池制造技术遇到了发展瓶颈，每年的销售额只有几百万日元，但手冢博文仍然在激发员工的热情，他和索尼合作增强研发能力。然而合作一段时间之后效果并不好，手冢博文认为未能成功的原因不在于索尼而在于京瓷，因此他聘请了几位有专业能力的人加入阿米巴，给组织注入了新鲜的血液，大家的工作热情都被激发起来，很快就研发出了能在窗户边上给镍镉电池充电的新太阳能电池。随后，手冢博文又和索尼协商打算停止生产一次性干电池转而制造新太阳能电池，然而索尼认为新电池造价过高，提出了压缩制造成本的要求，这让京瓷很难实现。

按照一般的商业原则，研发人员只要将产品交给客户就算完成了本职工作，但是手冢博文明显感觉到索尼的要求很过分，不过还是要保持长期的合作关系。通过这件事，稻盛和夫也发现了一个问题：研发人员要有企业家精神，不能单纯以技术研发为目的，还要让自己研发的项目被商业化。试想一下，如果手冢博文粗暴地拒绝了索尼，京瓷无异于失去了重要的战略合作伙伴。

经过一段时间的实验，手冢博文发现用塑料的太阳能电池盒能减少成本，满足索尼开出的低价格，然而索尼的质检部没有通过，手冢博文只好继续鼓励员工研究新的策略。由于大家全身心投入研发，对塑料模具不断进行改良和调整，最后手冢博文的样品通过了索尼的检验，这项合作为京瓷带来了几亿日元的利润。

手冢博文和他领导下的阿米巴，正是用燃烧的激情克服了重重困难，满足了客户一个个苛刻的要求，也带动了京瓷全员的工作积极性。这种激情让很多阿米巴成员活力大增，因为他们都意识到是在为自己工作。在这股激情的推动下，京瓷在 1994 年又推出了家用住宅的太阳能电力系统，让京瓷当年获得一百多亿日元的收入，后来开发的结晶型太阳能电池占据了日本六成的市场份额。

京瓷在太阳能产品市场取得的成绩和阿米巴注入的激情是密不可分的，它成为京瓷发展的重要推动力。

让员工积极参与到工作中并非易事，因为激发一个员工的激情很容易，然而激发所有员工的激情就很难了，这不仅需要阿米巴的领导人去带动，更需要整个企业的努力。稻盛和夫说："竭尽全力让企业的每一个角落都有阿米巴的影子并不是 件非常容易的事情，这需要我们大家的努力。"因此，在点燃员工激情的过程中，管理者应当不断地向员工灌输经营理念，促使他们向着更高的目标去冲刺，才能让他们全力以赴地工作。

那么，企业如何才能发挥点燃员工激情的作用呢？需要自上而下和自下而上两条路线并行，也就是让企业充分整合现有资源。稻盛和夫认为，企业的领导不是让员工被动执行决策，而是让他们积极地去完成自己的工作。所以，在经营中，稻盛和夫经常把工作职责接近的岗位进行划分，然后用自上而下和自下而上的方式将他们统一为整体，最大限度地发挥他们工作的主动性。

在京瓷向手机移动领域进军的时候，很多董事反对稻盛和夫的决策，然而他没有退缩，反而鼓励大家为了企业的长远战略去承担风险，很快就有人公开支持他，后来带动了更多有激情的人加入，京瓷成立的手机通信公司最终取得了不俗的业绩。

激情是阿米巴经营的生命值，没有激情的阿米巴毫无存在的价值，因为它没有唤醒个体意识和成功欲望。只有每个人都产生强烈的参与感，拥有独立思考能力和判断能力之后，他们才真正转变为稻盛和夫的"分身"，才能以经营者的姿态去决策和执行。

没有规矩，不成方圆

— —

阿米巴经营并不是"万金油"，它需要经过企业的改造之后才能发挥最大功效。换句话说，阿米巴需要在事先敲定好的框架内运行，而不是简单地默记几条法则，那样只能算是模仿京瓷的阿米巴、KDDI 的阿米巴或者日航的阿米巴，而不是企业自己的阿米巴。

首先，管理者要在企业内创建一个共同的目标，围绕这个目标要产生一种能动力和向心力，这是阿米巴经营的精神支柱。

企业在推行阿米巴经营模式的过程中，一定会遇到诸多阻碍，无论是管理者还是执行者都要有一个适应过程。如果没有心理上的准备，大家就会在遭遇挫折时产生放弃的念头，因此需要有一个共同的目标。这个目标告诉每一个参与者：为了实现它，最佳的保障手段就是阿米巴经营。有了这个目标，企业全员才有实践阿米巴的动力，才能在组织间发生摩擦时各让一步，减少发生矛盾的可能，不让企业在扩大规模的同时增加内耗，充分利用每一个组织成员的力量。当然，更关键的是用必要的哲学思想去覆盖全员的私心杂念，要在企业内部产生向心力，让利他精神成为一种本能反应，而不是简单的协调矛盾的策略，这样才能让整个团队变成一块铁板，增强抵抗外部压力与挑战的势能。

其次，要让企业将细节做到最优。

企业的决策层不能只抱着"抓大放小"的心态进行管理，认为小事不必纳入考虑的范围，或者强调"我只看重结果不关心过程"，这种思维方式带来的直接后果就是无人关注细节。比如一份财务报表的上交时间，早一天晚一天没有严格的要求；某一个数据统计，多一项少一项无关紧要。从单个事件来看影响或许不大，但是汇集起来，对整个企业的数据化管理就会造成危害，就会在无形中产生多个泡沫，这些泡沫积攒到一定程度之后就会从内向外地腐蚀企业，也会混淆决策层的战略视野，更会让基层员工找不到工作的方向。所以，无论关乎企业运营的哪个方面，战略布局和战术制定都同等重要，丢掉一个细节可能就会葬送全局。

最后，要培养反思自查的工作作风。

一些企业的管理者热衷于开会，但是开会的价值在哪里并不知道，往往是一个老问题没有解决又带来了一个新问题。在市场变化剧烈的今天，企业每前进一步都可能犯错，这就需要及时地自查。发现问题—排除隐患—总结经验，这是一个自我剖析的过程而不只是喊口号，企业要从经营现状出发，以数据为依托进行科学的分析，避免一言堂和想当然，这样才能避免"千里之堤，溃于蚁穴"的悲剧，真正提升企业的市场竞争力。

企业朝着规模化的方向发展，势必会遭遇一些问题，而阿米巴经营恰好可以解决这方面的问题，因为它的总原则就是将大企业做细，让小企业做活。当企业规模足够大的时候，一些有关生产和销售的细枝末节的问题容易被忽视，尤其是体现在人力资源管理上：员工和员工之间的劳动效率不同，完成的任务量也不同，所以就要拆分出不同层级的阿米巴，这样能有效驱动员工发挥个人才能。同样，当企业尚处于初创时期，员工的工作热情很高，但往往找不到正确的方向，这时引入阿米巴机制能够让他们在工作方法上变得更加灵活多样。事实上，这就是阿米巴经营的总原则，也是企业必须制定成形的规矩，没有规矩的约束，阿米巴经营就会随着时间的推移背离初衷。

阿米巴经营模式的学习需要技巧，在落地时同样需要技巧。这需要注意以下四个方面。

第一，不要符号化阿米巴。

阿米巴的经营会计只是经营体系中的一部分，有的企业单纯把这套方法引入企业中并不能真正发挥它的作用。阿米巴经营模式能够全面推进的关键在于经营哲学的铺垫，当全体员工的目标和思想未能达到统一的状态时，任何细节化的工作都是无法完成的，也不是真正的阿米巴。只有让每个工作单元都从认知层面接受才是推动阿米巴施行的关键。

第二，不要给员工过多的物质激励。

阿米巴经营和物质奖励并不是直接挂钩的，否则会激发人性中对利益的无限追求，进而从思想上破坏阿米巴经营的构建。当然这并不意味着员工的付出无法得到肯定，企业可以在推行阿米巴经营模式的同时采取全面薪酬制度，也就是说员工的薪资待遇由工资、福利、提成三个部分组成，这是物质层面的。此外还要有提升自我和文化熏陶两个方面，这属于精神层面。

提升自我不是一个空泛的概念，是企业要对已经成长的员工进行肯定，既要有口头上的，也要有职务上的。这个职位的变动未必带来多高的待遇提升，但是一定要让员工知道他们的努力被企业认可，企业会给予他们进一步的成长空间和发挥能力的平台，这样才能加强员工和企业的绑定关系。比如京瓷设立的"稻盛和夫奖"，就是针对那些有贡献的科研人员的，这个奖励和物质无关，却能让员工得到精神上的极大满足，产生的推动作用不容小觑。所谓文化熏陶，是要给予员工参与和学习企业文化的机会，不仅让他们接受先进的思想，也要给予他们贡献思想的机会，这样才能有利于上下级思想的彻底融合。

第三，不要忽视效率的提升。

阿米巴经营是一种发挥个体价值的组织模块，它不像集体主义那样崇尚团队精神，它依靠的是个体的效率，所以变化速度很快。每个人的学习能力、感悟能力、纠错能力都存在差别，这些在小团队中容易发挥出来，可能一个星期就能呈现出差异化，这样的特征要求企业在会计核算方面提高反应速度，才能适应独立战略单位参与经营的大环境。当然，阿米巴也不提倡个人英雄主义，协作仍然是发扬个体能力的保障，尤其是每个阿米巴之间的协作效率，它关乎内部市场的稳定性与和谐性，所以个体效率和协作效率同步提升才是关键。

第四，不要忽视对员工潜力的挖掘。

阿米巴经营的最大价值不在于管控员工的效果，而在于激发员工的潜力，让他们有发声的可能和空间，让他们有自主决策的机会，这样才能为阿米巴提供持续不断的发展动力。企业的管理者应当在经营过程中让员工不断突破自身的创新力瓶颈，让他们真正进入自我管理和自主经营的良性状态中，这样才能确保企业的长远规划得以实现。这个过程中可能会出现一些波折，这是允许存在的，因为员工的思想需要在碰撞中完善和成熟，企业不能要求员工保持直线式的上升，要适度让他们进行自主探索，从而找到发挥阿米巴能量的方式。

国内企业想要将阿米巴经营完美落地，首先要做的是吸取阿米巴的思想精华，这才是提高成功率的最佳切入点，也是让企业做大做强的关键。只有透过现象去看本质，才能找到适用于自身的变革爆点。

别让阿米巴"跑偏了"

—— ——

在阿米巴经营深受很多企业家关注的时候，难免有些人对它产生误解，这种误解直接导致了阿米巴经营在落地时出现了偏差。

第一，将阿米巴误认为是单纯的效益管理。

阿米巴经营能够提高企业的运营效率，也能增加利润，但这并不意味着阿米巴只关注效益，它更是一种对经营哲学理念的升华与概括。阿米巴在企业全面推进的过程，也是经营哲学传播的过程，有了这种统一的思想认识做基础，员工对阿米巴的预期和结果才能不存在落差，否则难免会有认知偏差，从而影响后续的执行。

有人认为阿米巴对效益的提升在于经营会计的核算机制，其实它只是经营哲学的数据化，是用历史数据和当前数据对某些理论的验证过程，而不是单纯从会计管理入手去提升效益。如果不懂得这个基本原理，也会造成企业对经营哲学的漠视，导致员工用自己的思维方式去理解阿米巴经营，最终造成团队协作上的障碍。

正因为经营哲学是根基，所以稻盛和夫才强调对员工进行哲学传导，通过晨会、讨论会等方式让员工每天都思考经营哲学的内涵，直至员工从内心深处彻底领悟。从这个角度来看，阿米巴经营不是让员工思考怎么提高效益，而是怎么去用哲学方法解决人生困境和工作难题，这样一来，障碍突破了，难题解决了，绩效也就跟着上去了，所以经营哲学是重中之重。有些企业将单位时间附加值作为考核员工的唯一标准，忽视了对员工的思想引导，将员工当成劳动的机器，让他们片面地追求生产效率而不去关注市场和用户，结果不仅没有提高他们的积极性，还导致上下级之间的情感疏离，这样如何能继续贯彻阿米巴经营呢？所以，想要推进阿米巴经营模式，切忌只盯着效益不放，要盯着思想和有价值的数据，这样才能带动一场管理变革。

第二，将阿米巴当成一种资源再分配。

企业被拆分出多个阿米巴，每个阿米巴有相对独立的经营权，从表面上看确实是进行了资源再分配，但这只是表象，阿米巴分配的并非是资源，而是"经营者心态"。有些企业在推行了阿米巴经营之后，将单位时间附加值当成员工的薪酬分配标准，这完全背离了阿米巴经营的初衷。稻盛和夫强调的是"作为人，何谓正确"，是让每个员工都能知道作为经营者该如何思考，该如何为企业做贡献，而不是用这种新组织形式作为绩效评比的参考依据。这样又切回到了原点——企业给员工发工资，员工领了工资去干活，根本不能激发他们的工作潜力，更无法让员工和企业建立深度的绑定关系。

稻盛和夫实操下的阿米巴，并没有将薪酬当成资源进行重新分配，而是侧重从精神层面去激励员工，如果将着眼点放在资源分配上，只能弱化经营人心的宗旨。

第三，将阿米巴看成扁平化管理。

阿米巴经营可以理解为扁平化管理的一种特殊形式，但并非全部。将企业拆分开来，是为了让全员更了解客户和市场，有更多参与机会和修正机会，这样才能在设计产品和服务的过程中满足客户更多的需求，做到快速响应，符合当今市场的特点。阿米巴经营将整个生产流程拆分出多个环节，无论是生产还是销售，都要独立面对工作任务，所以迫使每个组织要去发力研究市场，在这个为组织目标而奋斗的过程中，逐渐积累经验并完成自我升级。

第四，将经营会计当成数据收集的新方法。

阿米巴的经营会计不是单纯为了收集数据，而是为了调整经营策略收集客观证据，也是让每个阿米巴成员透彻地了解企业在经营管理中的现实问题的渠道。对于数据的分析，还要应用在生产、销售及其他环节中，同时也是一种反思策略，每天都有数据更新，每天都要对这些数据预示的问题作出判断，让企业避免出现重大的方向上的错误，也能及时纠正一些执行细节上的偏差。

第五，将阿米巴看成完全独立的战略单位。

阿米巴经营的确是为了发挥个体的最大价值，但这并不是说阿米巴在倡导个人英雄主义，其本质上还是以协作共赢为核心基调。虽然诸多阿米巴组成了一个内部市场，但是内部市场终究是要和外部市场竞争的。而且，从阿米巴内部来看，一个阿米巴最少的也要几个人，最多的要几十个人，仍然需要团队精神，个体的作用终究是有限的，因此阿米巴经营需要的是具有大局观念的精英，而不是喜欢单枪匹马的英雄。

第六，将阿米巴看成管理体制的创新。

阿米巴不是研究如何用新方法去管理员工，而是研究如何让员工进行自我经营，只有企业放弃了"管理"这个概念，阿米巴才有平稳落地的可能。传统的组织模式压迫着员工去工作，让他们始终处于被动管理的状态，所以爆发出来的潜能十分有限。只有自发地用经营者思维去工作，才是真正突破了传统管理模式的弊病，让员工发生质的变化。自主决策对员工来说，不仅是一种思维上的改观，更是一种尊严上的升级，有了主人翁意识之后，员工才会认真思考"作为人，何谓正确"这个充满哲学味道的自问。如果限制了他们的自主权，他们就会思考如何维护眼前利益，最终演变为执行命令的雇用工具，那么企业也就失去了发展的原动力。

阿米巴经营带来了很多新鲜名词，不同的人会有不同的理解，这原本无可厚非，但如果偏离了核心定义，那么一旦进入实践环节就可能带来致命的错误。因此，企业在学习和引入阿米巴时，一定要清晰地作出判断：我们是否借鉴了阿米巴的精华，还是仅仅学到了皮毛？

"蛋糕"人人都有份

— —

美国著名管理学者托马斯·彼得说："一个伟大的组织能够长期生存下来，最主要的条件并非结构、形式和管理技能，而是我们称之为信念的那种精神力量以及信念对组织全体成员所具有的感召力。"那么，这种感召力如何构建呢？需要通过培养员工的群体意识，而分享精神则是一种必要手段。

企业不单纯是一个员工的集合，更是一个拥有共同信仰的团队。

群体意识只有在思想交流和行为互助中才能稳固地建立，如果企业内部的信息和资源是割裂的，人和人之间的利益冲突就会走向顶点，也无法塑造出群体意识。

稻盛和夫说过，企业就像一块大蛋糕，每个人都想吃一口，而且都想着吃到很大一口，这就带来了利益分配上的冲突，所以企业要想获得强大的凝聚力，就必须让所有的人都学会分享。在京瓷，他要求每一个阿米巴的领导都要学会分享，在分享中提升自己的心性，让自己成为最受员工爱戴的领导。

和谐的工作氛围对企业来说至关重要，它既能决定企业的发展速度，也能决定员工的成长速度。京瓷的大多数巴长，不仅不会和员工争夺利益，还会维护他们的利益。更重要的是，巴长会传递给员工一个信息：保护自己的利益也要学会分享，这才是维持阿米巴经营模式运营下去的关键。

阿米巴的分享主义是一种隐形动力，从表面上看只是一种团队精神的训练，实际上却是企业内功的修炼。正如稻盛和夫所说，分享是一种伟大的精神，它能够让人学会爱护别人、关心别人，站在别人的立场去思考问题，去寻求问题的解决之道。稻盛和夫的话恰恰验证了那句话：你有一个思想，我有一个思想，分享之后就收获了两个思想。

正因为分享精神的存在，所以京瓷的巴长在发表获奖感言的时候，都会这样表达："荣誉不属于我一个人，而是属于所有和我一起努力过的人，我只是很荣幸地站在这里代表他们。"

阿米巴经营的优越性体现在何处？让工作变得更加简单，让企业的领导者不要陷入琐碎的管理工作中，让员工在巴长的带领下简化工作步骤，自主地完成工作。而要达到这种状态，分享精神就是助推器：经验分享让同事更有能力配合你，知识分享让新员工迅速成长，利益分享让阿米巴之间关系更为融洽、协作度更高，荣誉分享让阿米巴内部的凝聚力更强大。从提升执行效率的角度来看，分享主义就是不断简化再简化，让每个人都从原有的忙碌状态中解放出来，达到利己、利他的目的。

阿米巴的分享主义始于集体荣誉，这是因为人们知道荣誉无法用金钱来衡量，因此巴长都会将自己的个人荣誉让给员工并教会员工谦虚谨慎的作风，让他们重视团队协作的力量。京瓷曾经有一个员工，在获得月度最佳新人奖之后，将全部功劳据为己有，因为在他看来这是自己努力的结果，跟其他同事没有半点关系。他的表现也越来越突出，但随之而来的却是和同事关系的恶化，甚至还和巴长当面顶撞，为此京瓷的很多领导人都找他谈话，然而这位员工却不以为然。终于，大家都不愿意和他打交道，他的业绩也直线下滑，他这才意识到团队协作的重要性，为此他改变了自己，重新回到了团队中，最后成长为销售部的负责人。

分享主义不仅是荣誉的分享，也是利益的分享，每一个阿米巴的巴长都要具备这种意识。因为那些经营状况不佳的企业里，往往都存在着利益分配不均的情况，虽然这从根本上无法彻底避免，但是可以通过一些手段尽量减少。为此，稻盛和夫提出了"三个满足"理论：让企业员工的薪酬和业绩联系在一起，前提是满足企业发展的需求；满足企业、部门和员工的利润相对平衡的需求；满足团队和谐的竞争氛围的需求。

"满足"是一个比较空泛的概念，在实施的时候需要有一个参照标准，为此阿米巴巴长采用了岗位指标薪酬制作为丈量工具。单位时间核算是员工绩效考察的最终指标，也是他们利益分配的标准，在同一个阿米巴当中，员工的单位时间核算值和他们的绩效评定挂钩。不过阿米巴的分享主义不是通过单位时间核算来体现的，有时候是通过帮助他人获得业绩来传承的。从这个角度看，利益分享是团队精神升华到的最高境界，巴长必须努力培养这种精神。

稻盛和夫说："我相信京瓷的每一个阿米巴的领导人都是具有强烈团队意识的人，我相信他们会为了团队的利益而放弃个人的利益，我相信他们会让自己的团队成为一个整体，每一天都能够像一只铁拳一样挥出去，而不是像一盘散沙一样四处飘荡。所以，我始终认为，京瓷之所以能够成为世界顶级企业，就是因为我们阿米巴的领导人有着强烈的团队精神，牺牲自己的利益满足团队需要就是一种分享精神！"

分享精神是源于人性本质需求的一种表现，它可以体现在客户对某个产品的喜爱，可以体现在设计者对某个产品的满意，也能体现在员工对工作经验的总结，分享往往和利益无关，而和人的情感需求有关。阿米巴的分享主义不仅仅是一种感受和心得，更是一种精神层面的交流和互动，它能让看似松散的个体通过分享行为形成统一的整体。在企业的文化建设中，那些提倡分享精神的团队，大部分都能提高员工的个人竞争力，也就从客观上增强了企业的整体竞争力。反观那些排斥分享精神的企业，往往是效率低下、团队意识较弱的，因为员工和员工之间缺乏信息和资源的共享，执行层和管理层之间也缺乏深度的互动，最终导致了低效率和低业绩。

正是基于对分享主义的推崇，阿米巴的领导者必须重视企业和员工利益，这是一种并存的关系。为了确保员工的利益不受损害，巴长甚至要适当地将个人利益放在第三位，这种普罗米修斯式的做法看似在损害自己的利益，却让企业和员工的利益获得了保障，而他们的个人利益也不会因此受损。

分享主义也是利他精神的一种折射，是个体与个体、个体与集体的深度结合。分享让每一个阿米巴从内向外形成了强大的凝聚力和向心力，让全体员工都能发挥自身的作战能力，懂得用利他精神去思考问题，从而让企业在残酷的竞争中无往不利。

为什么说阿米巴贴近互联网思维

一　一

为什么如此多的企业将阿米巴经营奉为宝典？这是因为它在跟随时代和人性变化的脚步。

一方面，阿米巴经营顺应了时代的发展需求。在互联网思维大行其道的今天，每个人都可以成为独立的生产者和创业者。在企业内部建立市场和交易规则，正是对时代潮流的致敬，也能够满足每个员工潜藏于心的创业需求，让企业利益和员工利益存在更多的交集与贴合，避免上下级之间的关系对立。

另一方面，阿米巴经营模式符合人性法则。正如稻盛和夫所说的经营人心，企业不应当将员工看成生产工具，而是有血有肉、有欲求和思想的人。只有推心置腹，调动他们人性中积极的因素，才能促使他们爆发出强大的工作潜力。阿米巴经营模式能够让员工最大限度地接近利润，从而提高参与感和积极性，让他们和同事、上级以买卖双方的身份对话，避免了出现问题互相推诿，打造出一个关注利润超过关注利益的生产单位。

当然，阿米巴经营模式不是一味地满足人性需求或者盲目地顺应时代，稻盛和夫讲究的是经营人心而不是屈从人心。为了让企业的最高利益不受损害，阿米巴经营模式还要对人性进行适当的控制，避免出现各自为战的分化局面，发扬人性中团结互助的精神，弱化损人利己的倾向，这样才能培养出一支能征善战的工作团队。同样，互联网时代所提出的个性解放也要有针对性地采纳，不能让每个阿米巴没有限制地去迎合市场，造成企业战略布局的混乱，这些都是在采用阿米巴经营后需要人工控制的内容。

从时代的发展潮流上看，阿米巴经营模式的确更适应互联网时代的要求，它是一种对传统组织结构的颠覆，让企业从之前的金字塔结构变成了扁平化结构。此外，阿米巴的经营会计也对传统的财务管理进行了颠覆。

组织上的颠覆让员工拥有了积极工作的动力，从被动的命令执行者变成了企业政策的规划者，机制上的颠覆让员工对数字更加敏感并懂得利用数据分析完善阿米巴的管理模式。

阿米巴经营既引领了时代，也受到了时代的驱动。市场环境发生了变化，人性也变得更捉摸不定，单纯依靠几个管理制度去管控人心很难，尤其是对互联网时代来说，新业态、新用户和新盈利模式正在改变原有的商业逻辑。

第一，阿米巴经营是时代背景下的业态升级。

如今是一个经济发生重大变化的时代，企业的"生态圈"得到重构，自然需要建立相匹配的"生态规则"，所以更加符合人性要求和市场需求的阿米巴应运而生。阿米巴让员工变成了独立的个体，释放了他们的人性密码，让经济模式从单一化走向了多样化。对企业内部而言，员工的解放缓和了其与上层管理者的对立关系，也让员工之间的利益连接更丰富，每个人都要对利润负责，也就增强了责任感。

从企业外部的角度看，新经济时代要求经营的参与者更了解用户，能够在用户不开口的情况下挖掘他们的潜在需求，这需要让员工以个性对个性，才能更好地领会用户的意图。业态升级需要以组织机构升级为基础，要改变员工的工作环境，就必须给予他们更多的表演舞台，而这就是阿米巴框架的意义所在，也是在配合被互联网带动的新产业革命。

第二，阿米巴经营是时代背景下的思维转换。

互联网思维的本质是用时间取代了空间，用需求思维取代了创造思维。从时间上看，传统的竞争更多依赖于现实的跑马圈地，比如谁占领了交通枢纽、谁拥有了先进的厂房……这些空间上的优势往往能够转化为市场上的胜利。但是在互联网时代，人们更加看重的是时间上的优势，比如谁第一个提出了颠覆的概念、谁最先找到了用户的痛点……这些时间上的优势往往能转化为现实生产力，让用户在信息爆炸的时代快速地锁定商家，进而产生深度的联系。

传统的空间制胜是一种硬件资源的制胜，而现在更看重软件资源的掌握。阿米巴经营模式也是围绕着单位时间附加值这个概念打造的，旨在提高员工的工作效率，促进企业经营业绩的提高。此外，互联网时代最重视的是用户的需求而不是产品的功能，为了准确把握用户的需求，就要先满足员工的需求，员工渴望扩大决策权和参与感，也是为了与用户走得更近，因此赢得了员工的支持就赢得了企业的未来，赢得了用户的信赖就赢得了市场的未来。阿米巴经营从本质上看就是满足不同客体的需求点，而避免用统一的、庞大的系统覆盖这些客观需求，从而建立了竞争优势。

第三，阿米巴经营是时代背景下的经营转型。

互联网时代让人与人之间的沟通模式变得丰富多彩，能够跨越空间障碍实现即时沟通。阿米巴经营会计模式，让员工和管理者都掌握了更多、更公开的信息，信息量扩充，彼此沟通的欲望也随之强烈。这种信息的开放性和针对性，帮助企业在信息传递上完成了"点对点"的最佳状态，符合互联网的信息精确化的要求，让企业的纠错能力提高，更容易实现产业升级的最终目标。

第四，阿米巴经营是时代背景下的情感需求。

互联网虽然让人和人的线下接触变得不那么频繁，却强化了线上联系的亲密性，这就是以社交为核心的一大特征。不管是单纯的社交平台还是商业平台，都有添加好友的功能，而这恰恰反映了现代人在网络平台的孤独感和倾诉欲。同理，阿米巴经营哲学中的利他思想，也是一种满足自我情感和他人情感的表现。在这一系列情感需求之外，阿米巴通过以利润为中心广泛而深度地连接了每一个孤独的个体，赋予阿米巴之间的社交属性。其通过内部合作、信息共享等方式满足了员工的社交情感需求，也从客观上促成了企业团队精神的聚合。

回顾阿米巴从诞生到成功再到被广泛模仿的过程，我们似乎可以验证，推动这一切的并非稻盛和夫本人，而是深藏在幕后的整个时代。阿米巴并非真正颠覆了人类的某些传统认知，而是富有预见性地引领我们跟上时代变化的步伐，让那些还沉溺于20世纪的旧思想在沉睡中觉醒。

引入阿米巴的企业会发生什么

— —

阿米巴经营之所以被人推崇，并非只是经营诀窍的胜利，因为窍门是容易掌握的，它的成功更多和它的经营哲学有关，这才是阿米巴正常运转的基础。而要想理解阿米巴的经营哲学，首先要弄清阿米巴的经营目的：建立一个能够和市场相连通的独立核算部门，培养具有经营意识的人才，达到所有员工共同参与的目的。只有以这三个目标作为根本追求，才能更好地在实践中指导每一个推进过程。

在建立阿米巴经营模式之后，企业会在以下五个方面发生重要变化。

第一，实现员工的自我管理和集体参与感。

通常，高速发展的企业，规模越是扩大就越是需要发挥基层管理的作用，以避免感染"大企业病"。有些企业的管理者十分恋权，喜欢用独裁的方式去管理企业，结果因为鞭长莫及又不能很好地达到预期目的，最终导致企业走向衰弱。在推行阿米巴机制之后，小的核算单位建立起来，容易让每个员工都参与日常经营活动，让他们对销售额的费用负责而不是对高层负责，也就在一定程度上变成全员以利润为导向，充分发挥每个个体的积极性。

第二，让经营数据更加透明。

稻盛和夫创造的单位时间效益核算表是阿米巴经营中的重要组成部分，它能够将所有经营数据及时地反馈到现场，让经营过程数字化、透明化和公开化，甚至可以将每一天作为单位，详细了解企业每天的收支状况，及时地对一些负面数据自检，从而尽快找出解决问题的方案，避免企业在错误的经营策略上继续走下去，起到修正路线、强化最高目标的作用。相比之下，传统的会计学多是以月度甚至季度进行测算的，周期过长，不利于及时查找问题，往往是企业积重难返时才意识到走错了方向，缺乏实用性和指导意义。所以，阿米巴式的会计统计策略，能够让企业清晰地看到每一个经营环节和经营死角发生的问题。

第三，促进库存周转。

阿米巴的经营会计理念是，只要产生支出就计入费用。这种实时记录和反馈的模式，会迫使经营者认真考虑每一笔费用的支出，在采购物料的时候谨慎购买，在加工产品时量力而行，不会大手大脚地增加开支，也从客观上加强了对现有库存的消化、周转和统计的工作力度，避免企业陷入错误的采购策略中。而且，阿米巴的经营会计是严格控制库存时间的，一旦产品或者物料超过了规定的放置时间，就会收取资金，这就迫使企业必须按照订单和市场去生产，不能盲目生产，减少库存压力，盘活企业资本。

第四，明确责任和义务。

阿米巴的赋权式管理，让每个生产任务的成败都和阿米巴的巴长有关系，这就要求他们必须明确阿米巴内部的责任分担问题，在规定时间内要完成定量的任务，一旦出现延误自己要承担责任。这相当于在企业内部建立了契约关系，违背者要付出一定的代价，而且，这种惩罚机制是建立在确保个人利益的基础上的，并非损害阿米巴成员的利益，而是让他们为了自己的收入提高工作效率，所以人人都能自觉地参与到生产活动中。

第五，打造卓越的企业文化。

阿米巴经营模式让企业的每个成员都具有经营者思维，便于在他们当中传递经营哲学，培养出一种高效的工作氛围，有利于经营理念的全面铺开，达到思想统一的目的。

阿米巴经营成功的关键在于，从交付到交易完成了跨越式的质变，而促进这个重大变化的推动力就是稻盛和夫的经营哲学。

国内有些企业在导入阿米巴经营模式之后遭遇了失败，原因有很多种，常见的一种是忽略了从交付到交易这个转变过程，也就是说在引入阿米巴经营模式的前后企业内部都没有发生这个变化，脱离了阿米巴经营的核心。

企业运营的主线是通过价值链来完成的，这个特点尤其体现在像京瓷这样的制造行业。在实施阿米巴经营模式之前，制造业对市场不够敏感，无论从产品设计上还是客户预估上都有一定的落后性和时差性，这就需要改变原有的价值链条。

只有用阿米巴的价值链取代传统的价值链，才能彻底完成从交付到交易这个过程，因为制造业不能脱离市场环境和商业因素，要对客户负责，更要对企业负责。交付原本就是生产环节中的部分，也是职责所在，将交付转变为交易并非颠覆，而是与产业链条更密切地配合，帮助企业从经营本质上完成质的飞跃。企业的管理者要想实现这个转变，就要从思维转变开始，这恰恰是很多国内企业在学习阿米巴的时候忽略的问题。企业需要在七个方面加强重视。

第一，树立"利润中心制"的思想。

很多企业在核算经营成本时，都以原材料成本、人力成本等指标去衡量生产投入，这个思维放在过去来看没有错，但是在当前的社会经济形态下，这种思维的落后性在于，让企业将注意力集中在如何节约成本上，而没有去思考提升产品的附加值以及如何用创意去抓取客户。更重要的是，成本的标准化本身就是一个变量，会随着市场环境和人力资源结构的变化而波动，与其将宝贵的精力放在核算成本上，不如将注意力放在整个价值链条上，用主动性和创造性的思维去分析日常经营中遇到的问题。确立以利润为核心的价值体系，而不是守在机器旁边估算浪费了多少边角余料，企业才能更好地与外部市场相对接。当以利润为衡量基准时，企业也就更容易构建新盈利模式，从框架上实现突围。

第二，奉行"客户至上"的原则。

传统的行政组织结构让企业无法直接面对客户，企业往往将自身的利益作为出发点，因此很容易脱离客户和市场。只有改变陈旧的价值观念，让客户思维纳入新的价值链条中，才能实现产品创新，完成市场开拓，这也是阿米巴经营模式的优势所在。

第三，重视"原因胜过结果"的法则。

以结果来解释过程，是一部分企业家惯用的思维。阿米巴经营不是为了一个最终数字而运转，而是对整个经营过程负责，这样才能方便查找问题的原因，也能够从多个角度重新认识现状。只有准确地分析了原因，才能对价值链条进行合理的导向，从起始点入手，确保战略目标的最终达成。

第四，确定"经营比管理更重要"的思维。

企业的经营和管理相比，前者明显更灵活，更需要弹性空间，而管理相对要呆板一些，有很多不能突破的底线。所以如果以管理思维作为指导阿米巴的思维，很容易让价值链条僵化，使企业无法适应市场的变化，不如用经营思维，狠抓几个关键点，在其他方面可以适当放宽，把每个阿米巴的机动性和主动性都充分调动起来，实践企业的市场规划。

第五，坚持"人永远是第一位"的价值观。

很多人喜欢把"对事不对人"挂在嘴边，其实任何事都是人做的，对事本身就是对人，因此企业的思维最终要回归到人身上，为了实现价值观共享，就要将人当成生产力的第一要素，这决定着阿米巴经营模式的成败。只要人被调动起来，经营任务也就有了实现的载体。当然，人心终究是难以捉摸透的，这需要管理者认真观察和仔细分析，找出并克服人性中的弱点以驱动他们为价值链条服务。

第六，拥有大局观念。

虽然阿米巴代表着被拆分开的战略单元，但这并非意味着企业变得更加松散了。阿米巴只是强化了个体的重要性，确保个人利益的最大化，但归根结底，个人利益要服从企业的最高利益，只有企业的价值目标得以实现，个人的福利待遇才能得到保证。因此，阿米巴经营模式不能走极端，不能为了突出个体而忽略整体。提倡哲学分享这一理念，就是为了让每个组织成员保持着相同或相近的思维，不易变成对立的存在。

第七，实践胜于一切。

无论理论多么精彩，目的都是为了在实践中占据优势。为了强化这个优势，就要让每个参与者被充分激活，让他们自觉地投入一场关乎企业经营的重大变革中，确保每个先进的理论假设都能变为现实，不能让组织成员存在抵抗心理，这样就阻碍了阿米巴的落地。特别是在进行利益分配时，要照顾每个人的基本利益，不能只顾企业的利益，因为阿米巴的思想主导是大家处于同一条价值链上，利益分配不公就等于否认了这个宗旨。

虽然阿米巴经营在中国复制得并不是很成功，不过在众多失败的案例中，有越来越多的企业家深入阿米巴的内核之中，也认识到了哲学思想是促进阿米巴生根发芽的生命基因。总之，不能形成价值链条的良性循环，就无法将稻盛和夫的经营哲学传导到每一个组织和个体中，就无法建立价值共同体。

没有根基的阿米巴就是"空中楼阁"

很多企业都在思考，如何将阿米巴经营模式无损地引进过来。想要达成这个目标，一方面需要对阿米巴经营的框架和细则了如指掌，另一方面要从哲学角度理解稻盛和夫所追求的人生境界。

推广阿米巴经营模式的前提，是提升管理者和员工的哲学意识，在企业内部构建完整的哲学体系，这是一个循序渐进的过程。当然，哲学是一种思想层面的创意，要有明确的核心价值观念，而经营哲学要以企业的战略需求为导向，以增强竞争力为终极目标，赋予企业以灵魂，这才是它的核心价值所在。

要成功推广阿米巴经营模式，首先要在企业内部进行哲学思想的调研工作，通过获取一定数量的客观材料，寻找其中可用的部分，使其与企业发展现状相结合，就能大致规划出经营哲学的样本，由外向内地探索出哲学体系的构建路径和方案。然后，在全员一致认可的情况下，让决策层、管理层和执行层都参与企业核心理念的讨论，最好以文字表达的形式为主，逐字逐句地深入分析，最终敲定出结论。

在拥有了基本的哲学思想之后，如何传播就成了重点工作。有些人在接触阿米巴经营之后，认为哲学思想很难在员工中间传递，这是因为没有找到正确的方法。

第一，要在企业内制定有关经营哲学的宣传品。

这个宣传品最好以手册的形式存在，当然也可以是一部提炼了精华思想的宣传片，也可以是一本讲述企业发展史的图书，总之要将经营理念融入进去，使之系统化，这样便于在日后的工作中学习和讨论，也能提醒员工时刻牢记经营哲学中的内容。

第二，保持畅通的传播渠道。

企业必须有时刻驱动哲学思想落地的机会，比如定期召开讨论会或者动员会，对经营哲学的要点进行宣讲，让每一个员工都能认真贯彻。交流会是为了强化思想传播的作用，要让员工在这个参与的过程中表达自己的观点，让企业了解他们的思想动态和学习效果。为了配合沟通进程，建议以阿米巴为单位，其他职能部门进行部门内讨论，这样就有目的地将经营哲学和本职工作联系在一起。

第三，加强员工的自我管理。

经营哲学最终要作用于人，应当让员工保持积极的自学态度。通过自我管理来强化他们从心底接受哲学思想，让自身的综合素质提升到新的层次。可以采用内部信用制度的方法，让落实哲学思想较好的员工获得一定的积分，分月度、季度和年度进行评比，激发他们对哲学的兴趣和思想交流，在企业内部形成闭环的传播模式。

企业的决策层、管理层和执行层都共同使用一套哲学思想，就是集中对员工进行人格上的修炼，稻盛和夫将这种修炼跨越了商道和佛道两个领域。从表面上看，二者似乎并无交集，但是稻盛和夫却认为："我之所以皈依禅宗，是因为禅宗重视心性即灵魂磨炼。当初，释迦牟尼就是在菩提树下禅定而大彻大悟，他因此明了了宇宙的真相，参透了宇宙万物的所有规律。"

事实上，佛道和企业运营是可以相互转化的，只要打破了经济层面的障碍，就能在哲学层面融合。因此，稻盛和夫不像是一个企业家，更像是一个圣人，他用一种独特的人格魅力感化着他的合伙人和员工，让大家一边工作一边修炼自我，突破了原有的界限。

阿米巴经营是稻盛和夫哲学思想的附着物，它承载着一个人对世界、他人、个人理想以及事业的思考和实操。在这套体系中，阿米巴中的管理者和员工应当满足九点要求。

第一，多一分热情。

如何成为一个杰出的管理者，如何缔造一个伟大的企业，这是很多人都在思考和探索的问题。在稻盛和夫看来，能力并不是决定因素，而热情所产生的推动作用更大。热情能够带给企业家一种特殊的战斗力，让他们产生专注感，进而提升敏感度，这种强烈的刺激会激发他们的想象力和创造力，可以在别人茫然无措时发现真理。

阿米巴经营也是如此，它所展示的正是一种创造性，一种敢于对传统行政组织模式提出质疑和修正的探索，这是依靠着一股钻研的热情才得出的实践结果。热情不仅能带给企业家以开拓的灵感，更能赋予他们衡量事物的准则。一个充满热情的管理者才有管理企业的可能，因为他们会置身其中，会深入每个经营细节中去发现问题并解决问题，最终找出完美的答案。

一个企业家热情饱满时，就会不顾一切地为最终目标而努力，他们不会再拘泥于小节，而是将注意力放在如何将企业做强做大的方面，这就是热情带给企业家的独特战斗力。拥有了这种战斗力，企业就拥有了旺盛的生命力，能够攻坚克难，实现自身的完美蜕变。

第二，学会隐忍。

忍耐是修炼心性的静态行为，一个人不能做到内心强大就无法遇事隐忍。很多人的一生都要经历曲折起伏，违背意愿的事情比比皆是，无论是经营者还是普通员工，面对何种苦难都不该被打倒，要学会忍耐，然后努力攻破障碍，改变现状，从而磨砺灵魂。

第三，少一点功利心。

在稻盛和夫的经营哲学体系中，佛学是重要的组成部分，它要求人们以善恶去评判一个事物而不是用"得失"下定论。稻盛和夫认为，一个人如果不能摆脱愚昧、愤怒等负面心态，就会失去奋斗的方向，只有保持善念，减弱功利心，才能成为自我思想的主宰者。毕竟，人格也是自己创造的一部分，并不完全取决于外界。

阿米巴经营正是稻盛和夫自我设计的成果，如果他懒于思考或者惧怕改革带来的风险，他完全可以沿用传统的组织架构管理员工，那样至少能够维持京瓷的基本运营工作，但也阻断了它在改革后的腾飞。从深层的角度看，稻盛和夫在提出阿米巴经营模式时，没有过多地考虑个人的得失，他所在意的是员工是否能从这种模式中获得切实的利益，这就是让自己内心纯净而为他人着想的表现。

每个人的道德品质都有差别，即便是同一个人，在不同的心理状态下也会有善念或者恶念，对恶念必须清除，才能培养利他之心。将这种思维应用到阿米巴经营中，人们就能够为其他组织的利益考虑，而不是将视野局限在自己的小圈子里，只有经过这种长期的历练才能为自己塑造更完美的人格，从而作出准确的判断和决策。

第四，力争上游。

常言道，谋事在人，成事在天。虽然人的力量终究是渺小的，但不能因为害怕付出无果就畏畏缩缩。只有尽心尽力去做事，才能提高成功率。另外，每个人所处的高度不同，所以不能满足于当下，要放眼未来，和比自己更强大的人去抗争才能获得提升的空间，才能精益求精。而且，人的能力并非是一成不变的，只有不断拼搏向上才有提升自我的可能。

第五，保持静心。

在社会节奏越来越快的今天，人们的闲暇时光逐渐减少，导致很多人做事急躁，被时间驱使着前进，陷入无穷尽的忙碌状态，鲜有时间去思考人生，所以人们需要抽出时间审视自我，让浮躁的心态沉静下来，这样才能将烦闷的心绪驱逐出去，获得全新的感悟。

第六，避免"本能式思考"。

稻盛和夫为何如此关注人性？因为他意识到，如果不能主动地经营人心，那么人心往往会顺遂本能，而本能就是利己之心，就是忽视他人和团队的利益，这等于毁掉了阿米巴经营的根基。而且人性的本能冲动会促使人感情用事，在面对利益冲突时攻击他人并保全自我。为了避免这类情况发生，必须有意识地培养人心中圣洁的一面，避免因本能而进行的思考，这样才能促进个人利益和团队利益的和谐统一，让阿米巴经营模式在健康的状态中运行。

第七，懂得持戒。

每个人都有烦恼的时候，归结起来无外乎"贪""嗔""痴"三条，这也是佛教中所谓的"三毒"。它们危害不浅，很多人被深深地毒害，变得贪婪无度、怀疑憎恨、善恶不分。要想克服这些烦恼就需要克制自己的欲望，依靠强大的自律促使自我成长。

第八，思维方式制胜。

卓越的思维方式，也就是超出寻常人的人生观、精确的判断标准等，这些都是稻盛和夫从中国的思想家、先贤中汲取的思想精华，他将其充分整合之后，就变成了符合企业经营规范的一种世界观和方法论，也成为稻盛和夫超越其他企业家的有力思想武器。其实，生活在当今环境下的知识分子，很容易忽视思想的重要性，往往更看重的是实操手段，然而实操手段是受控于思维的，知识和技术要服从于它才能发挥作用。稻盛和夫以预言家的视角发现了被人们忽视的问题，也因此走在了时代的前列。

稻盛和夫倡导的思维方式，就是克己奉公的信念，让自己被逼入绝境之后产生新的创意，让自己信守承诺并为之付出和努力，让自己追求卓越并永不言弃……这些理念细则都构成了稻盛和夫的经营哲学体系，给予阿米巴正确的指导方向。

第九，提升智慧。

修身养性是磨炼灵魂的法门，能够让人获得不同寻常的开悟，因而能看到别人无视的真理。在稻盛和夫看来，提升智慧是人生最质朴的追求，它会让人淡化对物质的渴望，所以他对生活的要求很低，能潇洒地放下曾经执迷的东西，更不会在意生命的长短，而是将注意力都集中在内心。

经营的过程是解决矛盾的过程，其中最核心的一对矛盾就是应当重利益还是重理想。通常，能够做大做强且做得长远的企业，不可能只盯着眼前的利益，都是理想和利益相结合的，而这就是经营哲学建立的根基。经营哲学需要有一个经验丰富的领导者引领着，就像稻盛和夫那样，当然未必有人能达到他的高度，但起码要在胸襟、气魄和胆识上有相似之处，因为哲学就是一个积累和提炼的过程，没有深度的思考和丰富的阅历是很难完成的。

稻盛和夫认为人的命运可以被自己掌控，只要用哲学思想武装头脑，不断提升个人的心性修炼，就能让人生沿着一条预设的轨道行进，实现命运的转折，创造精彩的人生。

書中自有 出品
ALL IN BOOKS

捧读文化
触及身心的阅读

全国总经销

出品人　张进步　程碧

出版统筹　马丽
特约编辑　王胜兰　日青
封面设计　MM末末美书　QQ:3218619296
内文设计　八月松子 Pppet pine nut

运　营　肖遥　谭婧
法律顾问　天津益清（北京）律师事务所 王彦玲

出版投稿、合作交流，请发邮件至：innearth@foxmail.com
了解新书，图书邮购、团购、采购等，请联系发行电话：010-65772362

新浪微博

微信公众号